LES ILLUSTRÉS MICHELIN
DES CHAMPS DE BATAILLE

ST-QUENTIN · CAMBRAI

LA LIGNE HINDENBURG

★

1914 · 1918

MICHELIN & Cⁱᵉ CLERMONT-FERRAND
MICHELIN TYRE Cⁱᵉ Lᵗᵈ LONDON
MICHELIN TIRE Cⁱᵉ MILLTOWN, N.J., U.S.A.

GRACIEUSEMENT ÉTABLIS
PAR LE
BUREAU DE TOURISME MICHELIN

BRUXELLES - LILLE (106 km)

(Carte Michelin de Belgique: Feuille N°I, pli 19)

Sortir de BRUXELLES par la Chaussée de Mons.

(VI) du Plan du Guide et de la Carte Michelin.

PN et pont sur le canal dans Cureghem 2 km 5. Tram sur l'accotement gauche. Veeweide 4 km 5; PN de tram à l'entrée et à la sortie. On laisse à gauche, 1 km plus loin, le Château de Waasbroek. Après le pont sur le Zuen et un PN industriel, on laisse une route à gauche.

Zuen, à droite, 9 km 3. Loth 11 km 2. Coude à gauche puis à droite dans Brucom 13 km 2; peu après la sortie, laisser à gauche la route de Tourneppe.

Hal 16 km (Voir Plan du Guide Michelin): traverser la ville par la Chaussée de Bruxelles, à gauche les rues de Bruxelles, de la Boyenne, à gauche les rues Ste-Catherine, du Lundi, à droite la Rue Longue de la Chaussée, puis ne pas franchir la Senne mais tourner à droite dans la rue de Mons; à la sortie PN et fourche: à droite. Hondsocht 19 km 5. Saintes 22 km 6. Bierghes 23 km 6; 2 km 8 plus loin PN suivi d'un coude à droite; après 400 m limite du Hainaut.

Petit-Enghien 28 km. PN à 1800 m et coude à droite. Coude à gauche pour entrer dans:

Enghien 31 km: dans la traversée on laisse l'église à gauche; à la sortie après un PN de tram, fourche: à droite laissant sur la gauche la route de Soignies. Longue ligne droite. Cortembroek 32 km 7. Ghislenghien 43 km. Frauecamp 44 km 1. Meslin l'Evêque 45 km 2. Descente, puis PN, peu avant Lorotte 49 km 5, où la route présente un coude à gauche.Sortir d'

Ath 51 km. par la route de Leuze qui coupe à niveau la voie ferrée et tourne à gauche: longue ligne droite. Villers-St-Amand 54 km 8. PN et pont sur la Petite Dendre à la hauteur de Ligne 56 km 6 dont l'agglomération reste à droite. Dans:

Leuze 63 km, à 150 m d'un pont sur l'Horeau prendre à droite et à l'église tourner à gauche.

T. S. V. P.

Vous ferez préparer **gracieusement**
votre prochain voyage en auto,
en France ou à l'Étranger,
par le

Bureau de Tourisme
MICHELIN

*99, Boulevard Pereire ∅ Paris (XVII*e*)*

Il vous suffira de lui faire connaître
(10 jours au moins avant votre départ)
les grandes lignes du voyage que vous désirez faire
et vous recevrez gratuitement
un Itinéraire détaillé
qui vous conduira par de bonnes
routes aux bons endroits.

(Voir le spécimen ci-contre.)

Vous trouverez dans le **Guide Routier Michelin** les hôtels,
leur confort et leurs prix, les mécaniciens, les curiosités, les
plans de ville, les distances, etc.

St-QUENTIN-CAMBRAI

LA LIGNE HINDENBURG

Itinéraire :

ARRAS — CAMBRAI — SAINT-QUENTIN

MICHELIN & Cᶦᵉ, PROPRIÉTAIRES-ÉDITEURS, CLERMONT-FERRAND

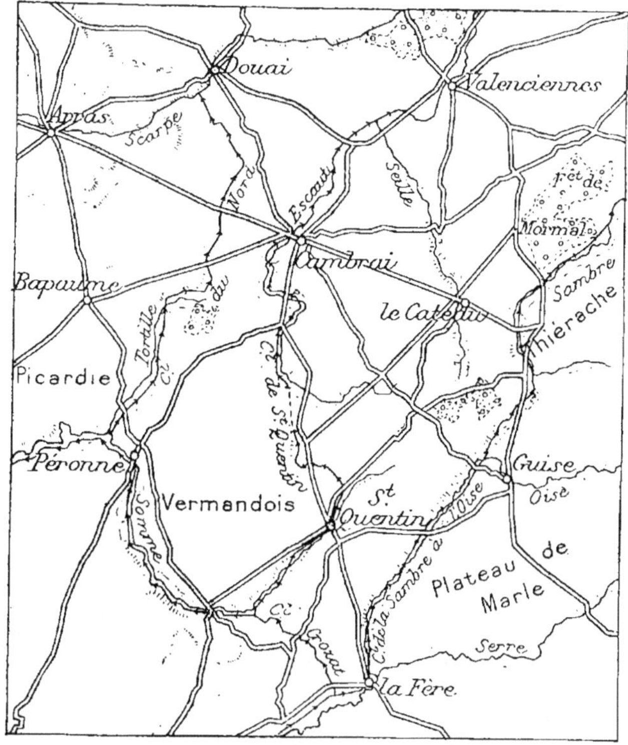

LE CAMBRÉSIS ET LE VERMANDOIS

Aperçu géographique.

La région du Cambrésis et du Vermandois est une large plaine ondulée, à deux versants inclinés, l'un vers le nord où coulent l'Escaut, la Seille et la Sambre, l'autre vers le sud où descendent la Tortille, la Somme et l'Oise. Séparée de la Thiérache humide et boisée par la vallée de la Sambre, des plateaux de Marle par la vallée de l'Oise, cette plaine se rattache, à l'ouest, à la Picardie.

De nombreuses routes droites la traversent, qui font communiquer les pays du bassin parisien avec ceux des plaines de Flandre et de la vallée rhénane.

Les rivières, Escaut, Sambre, Oise, Somme, sont réunies dans leurs cours supérieurs par de larges canaux. Ce sont de l'ouest à l'est, le canal du Nord, de la Somme à la Scarpe ; le canal de Saint-Quentin, de la Haute-Somme à l'Escaut ; enfin à l'est de Cambrai, le canal de Sambre et Oise.

Pays aux larges plaines fertiles où croissaient céréales, lin et betteraves et qu'enrichissait aussi, avant la guerre, l'industrie active (tissage, sucreries) des nombreuses petites villes groupées au bord des cours d'eau.

Ravagé, ce pays prospère et riche renaît peu à peu, grâce au labeur intelligent de sa population.

Aperçu historique.

Région de passage, le Cambrésis et le Vermandois furent, au cours des siècles, la grande voie des flux de peuples venant du Nord ou s'y rendant.

Les légions de César posèrent les premiers pavements des grandes routes de pénétration faisant communiquer le bassin de la Seine aux plaines de Belgique et de Germanie. Les Evangélisateurs empruntèrent ces routes pour gagner la vallée du Rhin, la Frise et la Thuringe et fonder dans la Germanie barbare des centaines d'abbayes civilisatrices.

Puis le Cambrésis devint le champ de luttes des reines rivales Brunehaut et Frédégonde, souveraines des royaumes francs de Neustrie et d'Austrasie.

Au Moyen-Age, le souffle de liberté qui libéra les communes flamandes arriva jusqu'au Cambrésis ; villes et villages affranchis se ceinturèrent d'épaisses murailles pour défendre leurs droits et leurs richesses.

Des abbayes prospères s'élevèrent et de puissants prélats en furent les seigneurs maîtres.

La prise de Cambrai par Louis XIV.

Le pays souffrit, sous la guerre de Cent ans, des brigandages des voleurs de grand chemin et des mercenaires d'Edouard III.

Deux siècles plus tard, maîtres des Pays-Bas, les Espagnols étendirent leur souveraineté sur le Cambrésis et le Vermandois. La région devint le théâtre de la lutte entre les maisons de France et d'Autriche-Espagne. Cambrai et Saint-Quentin soutiennent des sièges célèbres. Louis XIV rattache le pays au domaine royal de France.

Un siècle et demi plus tard, sous la Révolution, envahi par les Autrichiens, le pays est bientôt libéré par les victoires françaises en Pays-Bas.

En 1815, après Waterloo, l'armée anglaise l'occupe trois ans.

En 1870, l'armée prussienne de von Goeben est mise en échec devant Saint-Quentin par l'armée française de Faidherbe, constituée dans le Nord et victorieuse à Bapaume. L'armistice sauve la région de l'invasion.

Quarante-quatre ans plus tard, le Vermandois et le Cambrésis allaient être envahis et ruinés par la soldatesque de Guillaume II, bien plus qu'en aucun moment de leur histoire agitée.

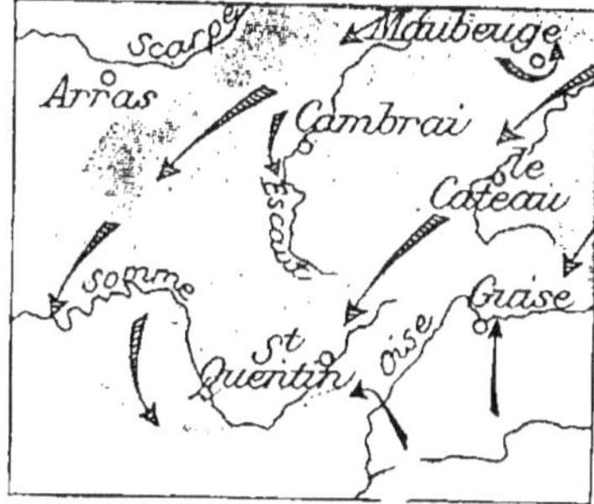

AOUT 1914 : *L'invasion allemande.*

MARS 1917 : *Le repli allemand.*

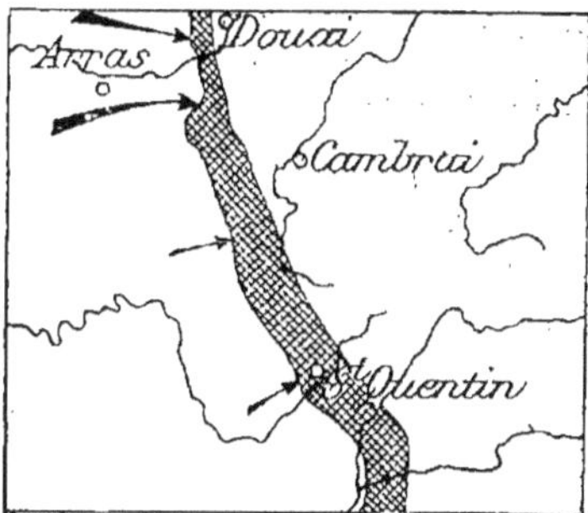

AVRIL 1917 : *La bataille d'Arras.*

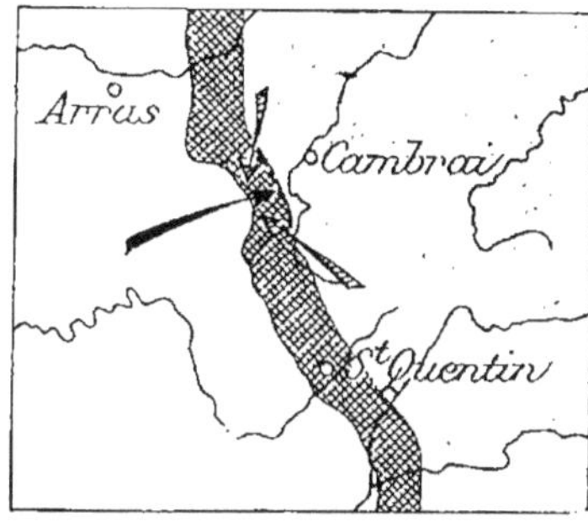

NOVEMB. 1917 : *La bataille de Cambrai.*

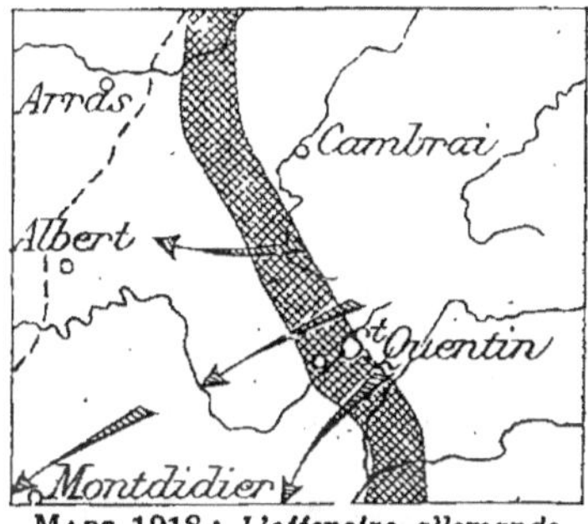

MARS 1918 : *L'offensive allemande.*

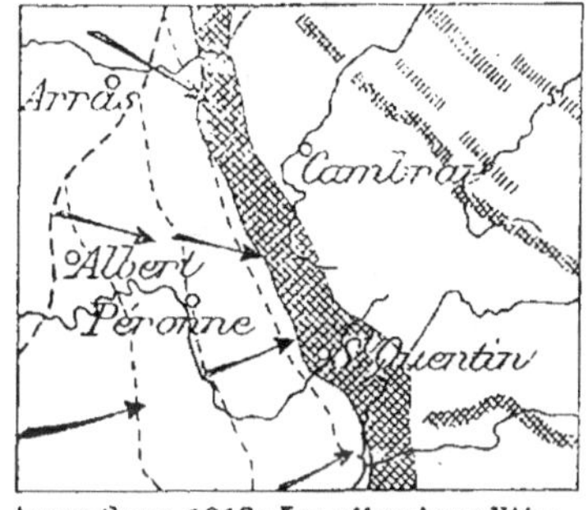

AOUT-SEPT. 1918 : *Les offensives alliées.*

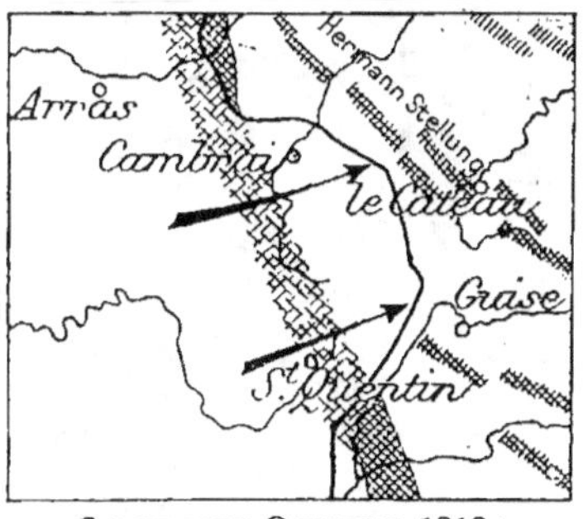

SEPTEMBRE-OCTOBRE 1918 :
La rupture de la ligne Hindenburg.

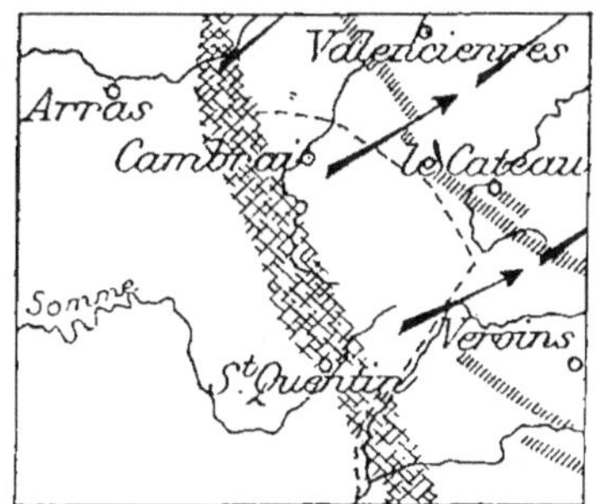

OCTOBRE-NOVEMBRE 1918 :
La libération.

L'INVASION ALLEMANDE ET LA RETRAITE ALLIÉE (Août 1914).

Après les échecs alliés à Mons et à Charleroi, abandonnant l'objectif des ports de la Manche, l'armée von Klück, cinq corps échelonnés précédés d'un corps de cavalerie, étend, par marches forcées, son aile droite débordante dans la vallée de l'Escaut.

Plus à l'est, l'armée von Bülow poursuit, pour les séparer, les deux armées alliées French et Lanrezac qui, menacées à la fois d'enfoncement et d'enveloppement, retraitent vers l'Oise.

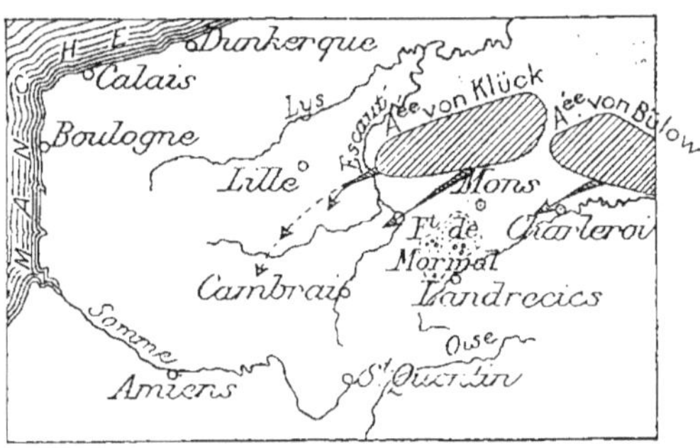

Après les batailles des frontières, les armées adverses glissent vers le sud-ouest.

Les deux corps britanniques couverts par la cavalerie du général Allenby retraitent en droite ligne sur le Cateau. Devant la forêt de Mormal, les routes encombrées par les populations en fuite ne permettent pas un écoulement suffisant. Le corps Smith Dorrien (2e) passe à l'ouest, le corps Douglas Haig (1er) à l'est de la forêt.

Renseigné, l'ennemi lance une forte avant-garde du IXe corps à travers la forêt afin de séparer complètement les corps britanniques.

A peine installé au bivouac, après une longue journée de marche, le corps Douglas Haig arrivé dans Landrecies à la nuit tombante est brusquement attaqué. Des luttes sanglantes se déroulent dans les rues étroites de la petite ville et derrière les barricades hâtivement dressées ; la quatrième brigade des Guards repousse vaillamment dans les ténèbres tous les assauts d'un ennemi sans cesse renforcé.

Vers l'ouest, des éléments français de deux divisions de réserve du groupement Valabrègue se jettent dans la bataille. L'attaque ennemie faiblit.

Le corps Douglas Haig rompt le combat et reprend sa marche vers le sud.

Instruit du péril extrême de l'armée britannique, le général Joffre ordonne à l'armée Lanrezac d'obliquer vers le sud-ouest, et au corps de cavalerie Sordet, de se porter à l'aile gauche de l'armée britannique afin d'appuyer sa retraite.

En même temps, plus à l'ouest, le groupement d'Amade (4 divisions territoriales et 2 divisions de réserve) doit harceler l'aile droite ennemie.

Epuisés par les marches, les soldats de Smith Dorrien, « les yeux fixes, trébuchant comme des aveugles », arrivent devant le Cateau. Mais le général craint que la retraite de son corps ne soit toujours menacée, il décide alors, malgré les ordres contraires du maréchal French, de se retourner et de frapper un seul et rude coup, afin de desserrer l'étreinte ennemie, de se donner de l'air pour reprendre son mouvement vers le sud.

GÉNÉRAL SMITH DORRIEN

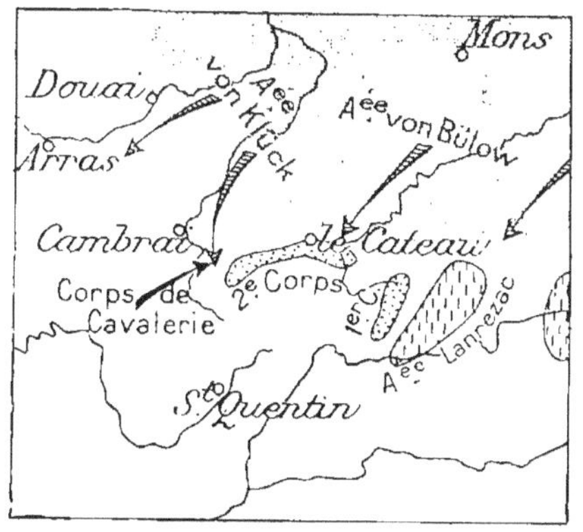

LA BATAILLE DU CATEAU (27 AOUT).
*Dangereusement pressé, le 2e corps britannique
parvient à se dégager.*

La bataille du Cateau.

Le 27, à l'aurore, le corps Smith Dorrien s'allonge derrière la route de Cambrai au Cateau. Pendant la nuit, les Allemands ont déployé un large cercle de batteries qui, dans la matinée, écrasent de leur feu les retranchements britanniques ébauchés. Les batteries britanniques concentrent leur feu sur l'infanterie ennemie qui se glisse dans la plaine. Mais bientôt contrebattues, ces batteries sont réduites au silence. Tour à tour, à l'ouest, le IVe corps de réserve allemand, puis le IVe d'active se jettent dans la bataille. Le péril devient aussi pressant par l'attaque du IIIe corps à l'est. Les réserves disponibles y sont envoyées en toute hâte, la ligne britannique se maintient. Mais sous la poussée sans cesse renouvelée, les Allemands s'emparent du Cateau après un combat de rues acharné. Le corps britannique, malgré sa ténacité, est menacé d'anéantissement.

Le général Sordet, dont les trois divisions de cavalerie, par étapes forcées, se sont portées à l'ouest des forces britanniques, comprend tout le danger présent, il décide d'intervenir contre le flanc droit des forces ennemies. Deux divisions franchissent l'Escaut et contournent Cambrai par le sud.

Cyclistes, escadrons pied à terre, soutenus par leur artillerie divisionnaire, attaquent de flanc les colonnes ennemies en marche, contiennent leur poussée et permettent au corps Smith Dorrien de se replier. Dans la même journée, les 62e division de réserve et 84e territoriale du groupement d'Amade, retraitant de Douai, enrayent, autant qu'elles le peuvent, la marche trop rapide de l'ennemi devant et à l'ouest de Cambrai.

La bataille de Saint-Quentin - Guise.

Les armées adverses glissent d'un même mouvement vers le sud-ouest. L'armée von Klück continue à étendre son aile droite vers l'ouest, au risque d'affaiblir sa liaison avec l'armée von Bülow qui marche sur la Fère.

Tandis que l'armée britannique, exténuée, retraite derrière l'Oise, l'armée Lanrezac arrête sa retraite face au nord et au nord-ouest pour tenter de rejeter la droite de von Bülow et de rompre sa liaison avec l'armée von Klück aux prises elle-même avec les premiers éléments de l'armée Maunoury sur la Somme, à l'est d'Amiens.

Le 28, à l'abri derrière l'Oise, l'armée Lanrezac se déploie sur le plateau du Marlois. Le 3e corps (Hache), face à la fois au nord et

*Après la bataille du Cateau, les
armées adverses continuent leur mouvement
vers le sud-ouest.*

au nord-ouest, est flanqué à l'est du 10e corps (Defforge), au sud-ouest du 18e corps (de Mas Latrie) que prolonge le groupe de divisions de réserve (Valabrègue) ; la demi-brigade Mangin est à La Fère, en liaison avec l'armée britannique qui, épuisée, ne peut, malgré le désir du général Joffre, participer à l'offensive de l'armée Lanrezac et continue sa retraite vers le sud.

A l'est, le groupe Abonneau établit la liaison avec la 4e Armée (de Langle de Cary). En avant, la brigade Journée garde les ponts de l'Oise. Le 1er corps (Franchet d'Esperey) s'approche du front de bataille.

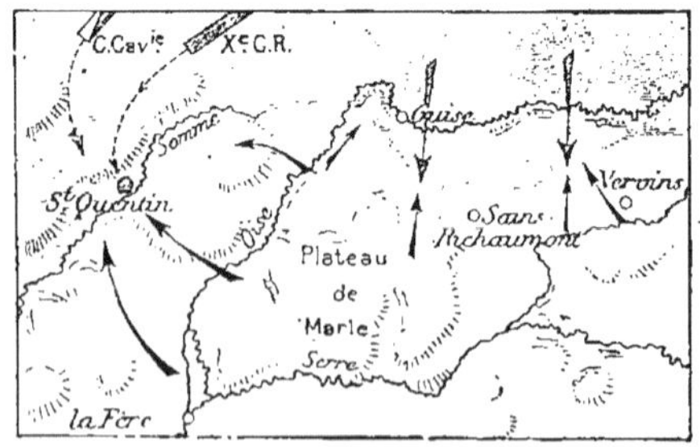

Le déplacement de l'armée Lanrezac devant St-Quentin et Guise.

Von Bülow, surpris en pleine marche vers le sud-ouest, resserre ses corps sur sa droite et son centre. Par une marche forcée de 70 kilomètres, le Xe corps de réserve et le corps de cavalerie de Richtoffen s'approchent de Saint-Quentin.

Dès **le 28** à midi, des unités de la Garde s'emparent de Guise et des ponts, mais l'intervention opportune de la 35e division arrête l'ennemi dans la vallée.

Le 29, l'offensive française (groupement Valabrègue, 18e et 3e corps) franchit la vallée de l'Oise, escalade les pentes du plateau et approche de Saint-Quentin où le VIIe corps allemand défend les faubourgs de la ville. Le moment est critique pour les Allemands. En toute hâte, le Xe corps de réserve et le corps de cavalerie Richtoffen arrivent sur le champ de bataille et s'engagent.

Mais en même temps que progresse l'offensive française, se déclenche, sur la face nord du front de l'armée Lanrezac, une forte attaque de la Garde et du Xe corps allemand. Le 10e corps français, soutenu à l'est par le groupe Abonneau, ne peut contenir l'ennemi qui progresse sur les plateaux.

Dans l'après-midi, l'offensive française mal étayée aux ailes, par suite de la retraite au sud des Britanniques et de l'engagement de la droite du 3e corps face à l'attaque allemande du nord, s'arrête ; sous l'action des nouvelles forces allemandes jetées devant Saint-Quentin, les corps français retraitent lentement vers la vallée de l'Oise dont ils gardent les passages.

Sur les plateaux sud de Guise s'acharnent la Garde et le Xe corps allemands. A ce moment, le 1er corps (Franchet d'Esperey) où le colonel Pétain commande une brigade, se glisse entre les 3e et 10e corps, contre-attaque vigoureusement et entraîne les corps voisins. Bousculés des plateaux, la

LA BATAILLE DE SAINT-QUENTIN (29 AOUT, AVANT MIDI).
Les attaques adverses.

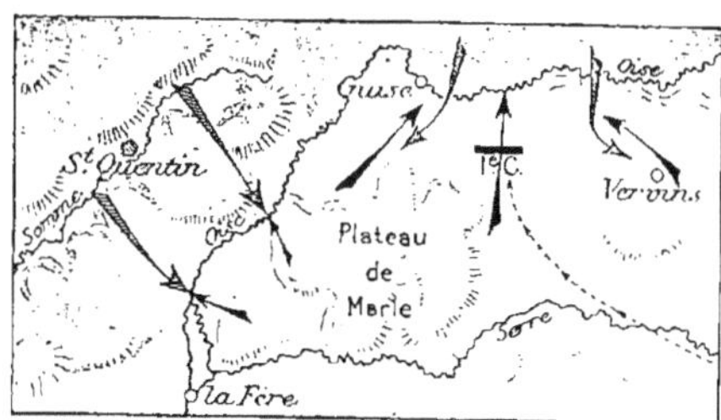

LA BATAILLE DE SAINT-QUENTIN (29 AOUT,
APRÈS MIDI).
Les contre-attaques adverses.

Garde et le Xe corps allemands repassent l'Oise, menacés en outre d'un débordement de la 4e division de cavalerie du groupe Abonneau.

Le 30, l'armée Lanrezac peut, en exploitant son succès, accentuer cette menace sur les communications de l'armée Bülow ; mais elle est « en l'air », découverte, à sa gauche, par l'armée britannique qui continue sa retraite, et, à sa droite, par la 4e Armée qui quitte la ligne de la Meuse. L'ordre de retraite est donné par le général Joffre.

Celle-ci s'opère en bon ordre, protégée par des arrière-gardes qui, par des attaques hardies, contiennent l'ennemi et gardent assez longtemps les ponts de l'Oise.

Le rude coup de boutoir de Guise a contenu la pression croissante de l'ennemi.

En outre et surtout von Klück qui s'étend vers l'ouest, en vue de sa manœuvre débordante, a senti le danger de son mouvement hardi par son manque de liaison avec son voisin.

Il écrit lui-même dans son volume *La Marche sur Paris* : « *Après la bataille de Saint-Quentin il fut tenu compte de la nécessité où l'on pourrait se trouver d'abandonner la direction du sud-ouest dans laquelle on marchait jusqu'à présent pour se diriger vers le sud et même le sud-est si la situation de la IIe Armée nécessitait un appui immédiat.* »

Et dès le 30 au soir, l'armée von Klück change de direction et se porte sur l'Oise. Continuant son mouvement dans cette direction, elle laissera Paris à l'ouest, exposant ainsi son flanc droit à l'armée Maunoury et aux forces du camp retranché de Paris, dispositif ennemi signalé et exploité par Galliéni et qui décidera le commandant en chef, Joffre, à reprendre l'offensive générale sur la Marne.

L'OCCUPATION

Après la bataille de la Marne, et la bataille de l'Aisne, les armées glissent vers le nord et la mer, cherchant réciproquement à se déborder.

La cavalerie française apparaît jusqu'aux portes de Saint-Quentin et de Cambrai, mais l'ennemi, qui dispose d'un réseau intérieur de voies ferrées, jette dans la bataille ses corps d'armée de plus en plus nombreux ; la lutte fait rage autour d'Arras et d'Ypres.

Dès novembre, les lignes adverses se fixent à plus de 40 kilomètres de Cambrai et de Saint-Quentin. Toute la région

LA COURSE A LA MER.

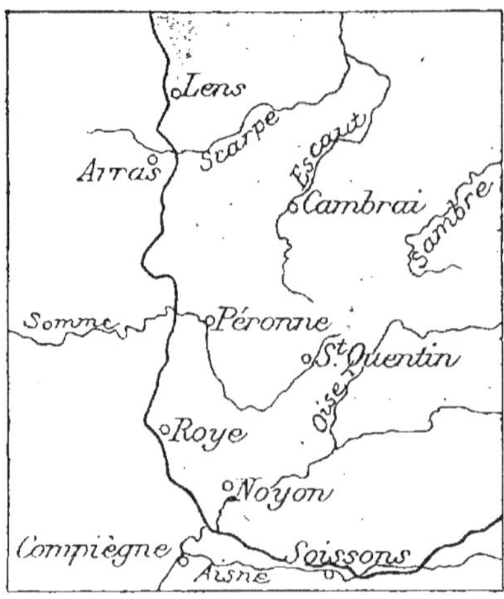

L'OCCUPATION ALLEMANDE.
(SEPTEMBRE 1914-AVRIL 1917.)

connaît alors toute la rigueur de l'occupation allemande. Villes et villages deviennent les cantonnements des troupes en secteurs devant Arras. Péronne, Roye, Lassigny.

Cambrai est une gare des plus importantes pour les Allemands, troupes de relève, trains de ravitaillement y passent sans cesse.

En juillet 1916, la canonnade des batailles de la Somme se fait de plus en plus distincte. Les armées franco-britanniques s'approchent de Bapaume et de Cambrai.

En automne 1916, les Allemands évacuent les populations des régions où ils ont l'intention d'organiser leur nouvelle ligne Hindenburg pendant l'hiver 1916-1917.

Les pauvres gens quittent leurs demeures, qu'ils ne reverront que complètement ruinées ; la plupart des hommes sont embrigadés pour des travaux de terrassement de la ligne Hindenburg, les femmes et les enfants sont astreints aux travaux des champs en Belgique et dans les Ardennes.

LA LIGNE HINDENBURG

L'année 1916 avait été funeste au prestige des armées allemandes battues à Verdun et dans la Somme.

Le choc avait été trop rude pour que les Allemands, contraints à la défensive sur le front occidental, consentissent à livrer bataille sur le terrain de leur défaite de la Somme, dans des organisations improvisées et précaires.

Les Alliés préparaient leur offensive de 1917 ; le saillant de Noyon offrait une prise trop favorable à leurs attaques. En outre, l'offensive alliée de la Somme et la bataille de Verdun ayant provoqué une énorme usure des divisions allemandes, le Commandement allemand avait hâte de reconstituer quelques réserves, en raccourcissant son front défensif.

Pendant l'hiver 1916, sous la conduite de compagnies de pionniers, l'Etat-Major allemand fait creuser, par des prisonniers russes, par des civils belges et français des régions envahies, de nouvelles positions défensives, d'Arras à Laon.

Son tracé.

S'appuyant, au nord, au vaste camp retranché de Lille, au sud, au massif boisé de Saint-Gobain, la nouvelle zone d'organisations barre, en ligne droite, les vastes plaines du Cambrésis et du Vermandois, couvrant la région Douai-Cambrai à une distance suffisante pour que les trafics importants par voie ferrée puissent se faire en sécurité.

Le tracé de ces organisations n'est pas déterminé à la fin d'une bataille, au hasard des combats, mais mûrement étudié ; il utilise rationnellement tous les obstacles du terrain, lignes d'eau, canaux et rivières, lignes de hauteurs, croupes et contre-pentes, points dominants, régions boisées, villages et fermes.

Se raccordant aux anciennes positions du secteur d'Arras, complétées notamment par la fameuse ligne de Drocourt-Quéant, la ligne se dirige sur Saint-Quentin, puis sur La Fère par le canal du Nord, l'Escaut, le canal de Saint-Quentin et l'Oise. En englobant la grande ville de Saint-Quentin dans les positions avancées et sous le feu des canons alliés, l'Etat-Major allemand pensait donner à ce secteur une certaine sécurité.

De Lens à Cambrai, la zone était baptisée Siegfriedstellung ; de Cambrai à La Fère : Wotanstellung. La partie de la zone la plus épaisse, 12 à 15 kilomètres, et la plus formidablement organisée, était devant Cambrai et entre cette ville et Saint-Quentin.

Sa structure. — Principes d'organisation.

A la fin de l'année 1916, on ne concevait la conquête d'une position fortifiée qu'après le pilonnage d'un tir prolongé d'artillerie, minutieusement réglé et contrôlé.

Instruit par les expériences de Verdun et de la Somme, l'Etat-Major général allemand donne des directives précises pour l'organisation des nouvelles lignes.

Il convient, avant tout, de soustraire le plus possible les organes vitaux de la défense à l'écrasement du bombardement.

La zone fortifiée augmente de largeur, afin que l'artillerie adverse ne puisse battre, sans se déplacer, toute la profondeur de la zone.

Pour échapper aux vues aériennes et terrestres, les organisations sont défilées généralement à contre-pentes, les centres de résistance camouflés sont disséminés, sans alignement régulier, dans un lacis ininterrompu de tranchées, de boyaux et de fausses organisations. Les pistes de communication dévoilant à l'adversaire les batteries et les centres de résistance, des ordres rigoureux réglementent la circulation.

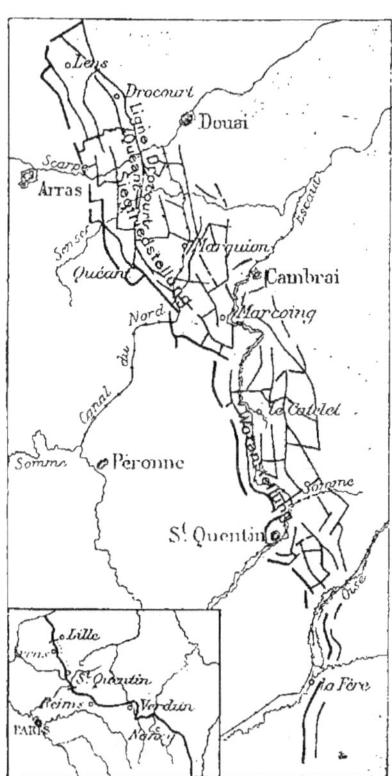

TRACÉ DE LA LIGNE HINDENBURG.

RÉSEAUX BARBELÉS PRÈS DE QUÉANT.

Enfin, les Allemands font un usage général du béton armé dans leurs travaux édifiés suivant les mêmes plans.

Avec ses mille embûches, la ligne Hindenburg ne se présente pas comme une barrière de murs rigides que l'assaillant, avec des moyens de plus en plus puissants, finirait par percer, mais comme un réseau élastique et profond à larges mailles où la tentative de rupture, loin de se résoudre

DANS BANTOUZELLE : UN BLOCKHAUS ALLEMAND.
Les murs de la maison s'effondrant ont laissé à nu l'épaisse carapace de béton.

BLOCKHAUS ALLEMAND EN CONSTRUCTION : L'ARMATURE MÉTALLIQUE AVANT LE COULAGE DU BÉTON.
Ce blockhaus est tombé au pouvoir des Britanniques au cours de leur offensive des tanks sur Cambrai.
(Voir page 23.)

UN BLOCKHAUS ACHEVÉ PRIS PAR LES BRITANNIQUES.
Noyé dans le terrain d'alentour, il a été à peine écorné par les obus.

par des chocs brutaux, devra se changer rapidement en bataille d'où l'assaillant sortira épuisé.

En vue de cette réaction agressive, la tactique de la défense elle-même se modifie.

Des réserves fraîches, cheminant dissimulées à travers les organes de la défense, contre-attaqueront les assaillants déjà dissociés par la résistance des premiers éléments de la défense. C'est le principe de la contre-attaque en profondeur.

Lignes, blockhaus, abris, réseaux.

Les lignes de surveillance, de résistance, de soutien sont formées de plusieurs tranchées réparties en profondeur et utilisant tous les obstacles naturels. Toutes ces lignes sont réunies entre elles par des boyaux, eux-mêmes organisés avec des lignes appelées bretelles, qui compartimentent la zone fortifiée, localisent ainsi les attaques et favorisent la contre-attaque de flanc.

Les blockhaus, espacés en général à quelques centaines de mètres les uns des autres, forment l'armature essentielle de la défense. Les mitrailleuses qu'ils abritent se flanquent réciproquement par leurs feux.

Minutieusement dissimulés, ces blockhaus se présentent, sans leur camouflage, tous exactement pareils, nets et blancs ; de solides volets métalliques ferment les créneaux à large champ horizontal. Souvent, de l'intérieur, on peut accéder par une trappe à une plate-forme supérieure.

Observatoires, postes de commandement, batteries de minenwerfer sont également installés sous casemates bétonnées.

Les troupes dont la densité, faible en première ligne, s'accroît vers les dernières lignes de la position, se tiennent dans de solides abris ; les plus nombreux et les plus spacieux sont dans la ligne de soutien, à contre-pente.

Des descentes coffrées de trente à quarante marches conduisent à un premier couloir d'où partent de nombreuses alvéoles.

De nouvelles descentes aussi profondes mènent parfois à une seconde série de chambres.

Chambres et couloirs sont étayés par d'énormes madriers solidement assemblés par des ferrures.

Dans les longs couloirs, de chaque côté, s'étagent les couchettes des hommes, certains abris comprennent même un réfectoire, une salle d'armes, ils sont ventilés, éclairés à l'électricité, pourvus d'un puits et de magasins à vivres et à munitions.

Ces vastes et profonds abris, véritables casernes, communiquent avec les lignes par des tunnels parfois de 2 à 3 kilomètres de longueur. Des wagonnets, apportant matériel et ravitaillement, y circulent.

Malgré leur perfectionnement, ces abris profonds sont peu à peu abandonnés. Les énormes obus de plusieurs centaines de kilos se précipitant de 6 à 8 kilomètres de hauteur arrivent à défoncer les plus solides. Les gaz toxiques s'accumulent dans ces cavernes, et, souvent, les assaillants avançant rapidement derrière leur barrage, cueillent les défenseurs avant qu'ils aient pu sortir.

La défense intérieure de ces abris est bien prévue, portes blindées, sorties camouflées, pièges..., mais les grenades incendiaires et les gaz ont raison de la défense la plus obstinée. Devenus de véritables pièges à hommes, beaucoup de ces abris sont peu à peu remplacés par des abris plus petits, bien moins enterrés, mais protégés alors par une épaisse couche de béton.

Tous les organes de la défense sont couverts en avant par de larges réseaux de fil de fer, vrais maquis de ronces d'acier.

A L'ENTRÉE DE BARALLE
(2 km. ouest de Marquion):
DÉFENSES CONTRE TANKS.

Au dernier plan :
TOUR DU CLOCHER
BÉTONNÉ INTÉRIEUREMENT
ET QUI SERVIT
D'OBSERVATOIRE.

AU SUD-EST D'ARRAS :
*Moulin bétonné qui servit
d'observatoire.*

LA TOUR DE PUZEAUX,
DOUBLÉE INTÉRIEUREMENT PAR UN MUR
EN BÉTON DE 1ᵐ80 D'ÉPAISSEUR.

Aux réseaux parallèles régulièrement espacés, succèdent des réseaux à contour irrégulier en forme de larges dents de scie, établis souvent à contre-pente *(Photo p. 11)*.

Ces réseaux offrent de larges poches, les assaillants s'y engouffrant devaient y être mitraillés à coup sûr.

Au cours de la lutte, les Allemands perfectionnèrent et complétèrent leur système défensif.

Plusieurs autres positions, aux lignes moins continues, se dressèrent derrière le rempart Hindenburg, constituant une ceinture de lignes redoutables couvrant de près les frontières mêmes de l'Empire.

Dans chaque position, l'ancien duel de l'obus et de la cuirasse devra être renouvelé.

A une puissance de choc plus grande des Alliés, les Allemands opposeront un renforcement de la cuirasse de leurs défenses.

« Ce travail restera sans doute un des plus curieux témoignages du génie particulier de la race allemande, fait d'une magnifique capacité de nuire, d'une singulière puissance de travail et de ce mélange étrange de colossal dans la conception et de puérile badauderie qui le fait se mirer dans son œuvre toujours *au-dessus de tout*. » (MADELIN.)

PUITS EN BÉTON ABRITANT UNE MITRAILLEUSE ALLEMANDE SUR ASCENSEUR.
Au fond: LA TOUR DE PUZEAUX, ORGANISÉE EN OBSERVATOIRE.

VRAIGNES. — TROUPES BRITANNIQUES ARRIVANT AVEC LES HABITANTS DANS LE VILLAGE RÉCEMMENT RECONQUIS. — *A gauche :* VERGER DÉVASTÉ.
VRAIGNES. — UN GROUPE JOYEUX QUE LA HAINE DES ALLEMANDS N'ÉMEUT PAS.
DANS BAUVAINCOURT RÉCEMMENT RECONQUIS. — LE BON GITE ; L'HOTE N'AVAIT PAS LU UN JOURNAL FRANÇAIS DEPUIS PLUS DE DEUX ANS.

LE REPLI ALLEMAND DE MARS 1917

En mars 1917, les Allemands refusent la bataille en abandonnant le terrain menacé qu'ils ruinent systématiquement (*Voir le Guide :* **Les batailles de la Somme**). Ils se replient sur la ligne Hindenburg.

Les avant-gardes alliées se heurtent aux arrière-gardes allemandes qui ont la mission de résister le plus longtemps possible afin de permettre l'installation des divisions allemandes dans la nouvelle zone fortifiée.

Du 21 mars au 9 avril, les Alliés prennent contact de la zone fortifiée devant les faubourgs mêmes de la ville de Saint-Quentin où commencent les lignes françaises qui s'étendent plus au sud devant l'Oise.

LE REPLI ALLEMAND EN MARS 1917.

LA BATAILLE D'ARRAS
(9 avril 1917)

Les Allemands qui ont cru se soustraire aux offensives alliées sont attaqués trois semaines seulement après leur repli. Profitant de la supériorité numérique des armées alliées sur le front occidental et de la dépression morale de l'ennemi causée par ses récents échecs sur la Somme, les généraux Joffre et Douglas Haig avaient mis à l'étude un plan d'offensives combinées dès la fin de l'année 1916.

GRAND SÉRAUCOURT :
LA SUCRERIE DÉTRUITE PAR LES ALLEMANDS AVANT LEUR REPLI.

Le repli stratégique des Allemands modifia le projet mais ne le suspendit pas.

Les Alliés attaqueront, dès avril, la nouvelle position allemande à ses extrémités ; les Britanniques dans le secteur d'Arras, les Français, commandés par leur nouveau généralissime Nivelle, sur le Chemin des Dames et en Champagne.

L'offensive britannique d'Artois se déclenche la première, l'équipement du front dans ce secteur n'ayant subi que peu de modifications par suite du repli allemand.

Les buts de cette offensive sont :

De conquérir les observatoires des crêtes ; de menacer Douai et la grande voie ferrée allemande du Nord ; de retenir et d'user le plus grand nombre possible de divisions allemandes sur son front.

Les offensives alliées de 1917.

L'équipement du front et la concentration britannique.

Pendant l'hiver 1916, le maréchal Haig ordonne des travaux gigantesques d'équipement du front d'attaque, équipement difficile, en raison de la proximité des lignes ennemies de la ville d'Arras.

Les tranchées allemandes se trouvent en effet à 1.700 mètres en ligne droite de la place du Marché, à Arras ; les carrefours, les places, les rues de la ville, où fatalement les troupes doivent passer pour se concentrer, sont si minutieusement repérés qu'il est extrêmement difficile aux troupes d'en déboucher.

Les Britanniques utilisent alors les vastes caves réparties un peu partout, sous la ville. Des tunnels sont construits pour relier toutes ces caves qui, elles-mêmes, sont consolidées et aménagées. Une véritable ville souterraine est créée ; on peut y concentrer et mettre complètement à l'abri la valeur de trois divisions avec tous leurs états-majors et services.

Un « Howitzer » britannique de 380.

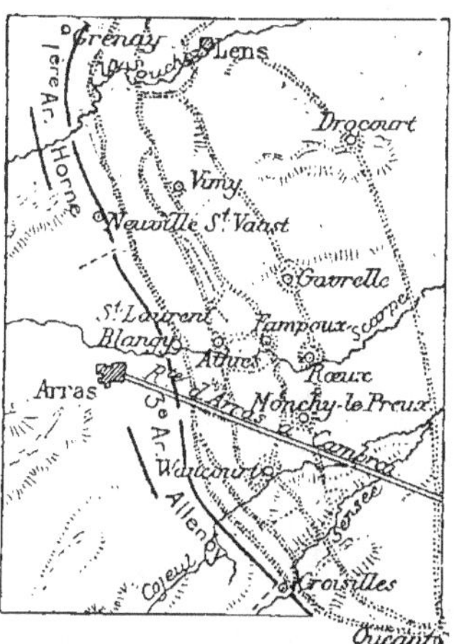

AVANT LA BATAILLE D'ARRAS.
Les organisations ennemies.

Deux armées britanniques sont en ligne entre Grenay et Croisilles.

La 1re armée (Horne) entre Grenay et Neuville-Saint-Vaast comprend : le 1er corps (Holland) ; le corps canadien (Byng), face à la crête de Vimy ; le 13e corps (Congrève), en réserve d'armée.

La 3e Armée (Allenby), entre Neuville-Saint-Vaast et Croisilles, comprend : le 17e corps (Fergusson) ; le 6e corps (Haldane) ; le 7e corps (Snow) ; enfin le 18e corps en réserve d'armée.

En outre, trois divisions de cavalerie sont alertées et prêtes à toute éventualité. Au total, dix-neuf divisions en ligne et huit divisions en réserve. Toutes ces troupes ont reçu une instruction minutieuse, entraînement physique, répétition préalable de l'attaque à l'arrière, sur des organisations calquées sur celles de l'ennemi. Une artillerie nombreuse et supérieurement approvisionnée est disposée sur tout le front d'attaque.

Le terrain d'attaque et les organisations ennemies.

Le terrain sur lequel se déroule l'offensive britannique est une suite de

GÉNÉRAL HORNE.

vastes et molles ondulations allant finir au-dessus de la vallée marécageuse de la Scarpe et parsemées çà et là de villages entourés d'ormeaux et de vergers.

Partout le terrain est hérissé de formidables travaux de défense.

Trois positions successives comprenant chacune trois lignes de tranchées s'étendent en profondeur sur les deux rives de la Scarpe, à trois kilomètres de distance moyenne l'une de l'autre, englobant les villages fortifiés et des points d'appui particulièrement organisés très redoutables.

Les bords de la Scarpe comprennent également toute une série d'obstacles des plus difficiles à franchir, la rivière

GÉNÉRAL ALLENBY.

DANS LE SECTEUR D'ARRAS : UN DÉPART D'ATTAQUE LE 29 AVRIL AU MATIN.

elle-même, le canal qui la double et les marais qui l'entourent ; le canal, crevé sur de nombreux points, inonde la vallée et relie les marécages.

La bataille.

Une violente préparation d'artillerie et une furieuse bataille aérienne sont les préludes efficaces de l'attaque.

Les pilotes britanniques pénétrant loin dans les organisations ennemies effectuent dix-sept expéditions de bombardement sur les gares, les dépôts de munitions, les lieux de rassemblement. Ils livrent de nombreux combats aériens, au cours desquels, subissant des pertes sévères (28 appareils perdus), ils abattent 46 avions ennemis, dont 15 détruits et 31 désemparés, et incendient de nombreux drachens ; en outre, 1.700 photographies aériennes sont prises avant et pendant l'attaque.

Le formidable bombardement effectué par rafales brusques et violentes et par secteurs différents pendant quatre jours écrase les organisations allemandes.

Le 9 avril, dès les premières heures du jour, une effroyable trombe de projectiles s'abat sur les premières lignes ennemies, en même temps d'énormes tambours de gaz comprimé, envoyés par des mortiers, éclatent dans les deuxièmes lignes.

Le nombre des canons qui vomissent ces tourbillons de feu est si considérable que leurs roues se seraient touchées sur toute la longueur de la ligne de bataille, si on les avait placés les uns à côté des autres.

Dans l'aube grise s'élèvent, des tranchées allemandes, des fusées multicolores ; ce sont les demandes ennemies de tirs de barrage et de secours immédiats.

A 5 h. 30, le signal est donné. Dans la pluie, le vent et le grésil, l'infanterie britannique, des « vagues d'hommes couverts de boue, farouches et déterminés, au cœur aussi dur que l'acier et aussi léger que la plume », se rue à l'assaut sur toute la ligne.

Tandis que l'armée Hone s'élance dans le secteur nord, à la conquête de la falaise de Vimy et des avancées de Lens (*Voir le Guide :* **Arras**), l'ar-

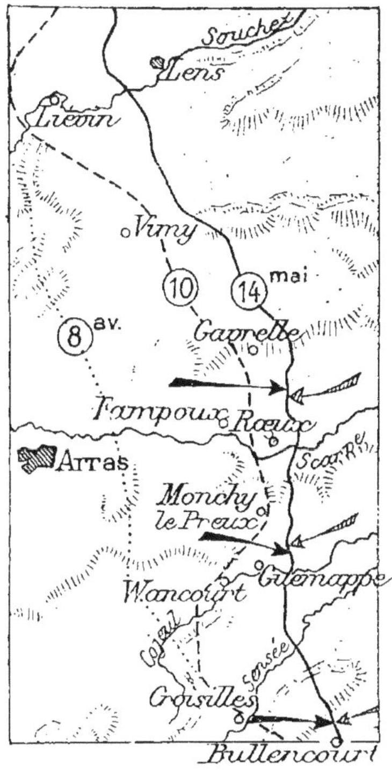

mée Allenby, à cheval sur la Scarpe, progresse rapidement de chaque côté de la rivière.

Le 9 avril, les corps Fergusson, Haldane et Snow bousculent les six divisions allemandes qui tiennent le secteur de la Scarpe et qui attendent l'attaque.

Les deux premières positions ennemies sont enlevées dès le premier jour, malgré la résistance des nombreux villages et points d'appui.

Arrêtés devant les troisièmes positions, ces corps ont progressé, en une seule journée, de 7 à 8 kilomètres.

Le lendemain, exploitant le succès de la veille, les Britanniques enlèvent Fampoux et s'approchent de Monchy-le-Preux. La butte de Monchy-le-Preux est brillamment enlevée le lendemain. La cavalerie britannique et les tanks participent au succès.

Les buts de l'offensive du 9 avril sont atteints en grande partie.

Les corps britanniques établis sur un terrain élevé et plus sec possèdent d'excellents observatoires.

Le butin total s'élève à plus de 14.000 prisonniers et 180 canons.

SUR LA ROUTE D'ARRAS A CAMBRAI : UN POSTE DE SECOURS AVANCÉ (AVRIL 1917).

Après l'offensive du 9 avril. — Opérations dans le secteur d'Arras.

Le 16 avril, la grande offensive française se déclenche sur l'Aisne, en face du Chemin des Dames et au nord-ouest de Reims ; puis, l'action arrêtée sur son front principal s'étend vers l'est, sur les monts de Champagne. Le maréchal Douglas Haig décide, d'accord avec le Commandement français, de poursuivre son action à l'est d'Arras, afin d'attirer et d'user dans ce secteur le plus possible de forces ennemies.

La nouvelle ligne britannique est au contact des positions Hindenburg, et même en certains points, à Monchy-le-Preux, Guémappe, les Britanniques les ont entamées. Les Allemands veulent au prix même des plus lourds sacrifices interdire la pénétration de leurs nouvelles positions.

Les plus formidables sont celles de Quéant-Drocourt.

A ces grandes difficultés de l'attaque, s'ajoutent celles de l'organisation précaire de la masse d'artillerie, du ravitaillement à travers un terrain bouleversé, des routes impraticables et soumises à un feu violent.

Cette nouvelle offensive de fin avril-mai, en liaison étroite avec l'offensive française, va revêtir un caractère particulier d'acharnement. Certains points d'appui comme Gavrelle, Rœux, seront le théâtre de plus de dix assauts britanniques et d'autant de contre-attaques ennemies.

Enfin, le 14 mai, les Britanniques ont conquis, dans la troisième position ennemie, Gavrelle, Rœux, Guémappe et Wancourt ; plus au sud, ils ont pénétré dans la ligne Hindenburg, dans le secteur de Bullencourt, capturant, durant un mois, près de 4.000 prisonniers.

De mai à novembre, l'armée Gough, dans de multiples combats dans les avancées de la ligne Hindenburg, retient devant elle de nombreuses divisions allemandes et pousse ses avant-postes au contact de la ligne elle-même. La lutte violente se déroule dans les Flandres où les Britanniques, par des poussées successives, dégagent Ypres.

Tanks détruits et enlisés, près de la route d'Ypres a Menin.

Déblaiement d'une voie ferrée au cours de l'avance d'avril 1917,
près de Feuchy.
Le ravitaillement en munitions a dos de mules.
Après les combats de Monchy, autobus qui vont emmener des combattants
au repos (Avril 1917).

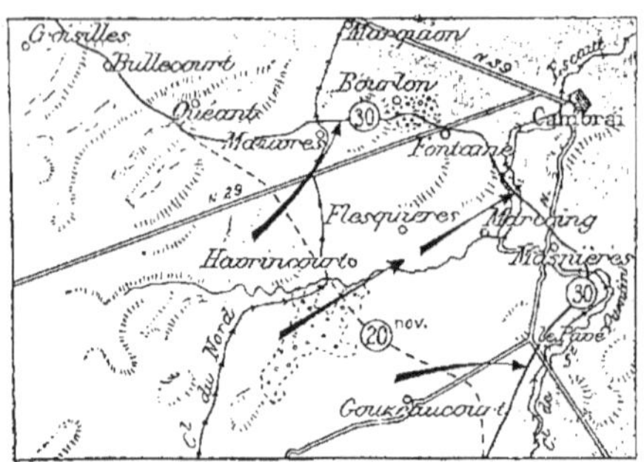

¡LA BATAILLE DE CAMBRAI.
L'offensive britannique (20-30 novembre 1917).

LA BATAILLE DE CAMBRAI

L'offensive britannique (20-30 novembre 1917).

Pour la première fois, la préparation d'artillerie est remplacée par une attaque en masse des tanks. L'effet de surprise est foudroyant. La rupture est réalisée, mais ne peut être exploitée.

Alors que les lignes adverses, en face de la zone Hindenburg, sont dans le calme absolu, brusquement, à l'entrée de l'hiver, l'armée Byng s'élance à l'assaut des lignes allemandes, grâce à une nouvelle méthode d'offensive.

La préparation habituelle d'artillerie est supprimée. Elle est remplacée par une attaque déclenchée par surprise, au moyen de nombreux tanks qui, amenés à la faveur du brouillard, doivent détruire les réseaux et protéger la marche de l'infanterie.

Le terrain de l'offensive est choisi entre Saint-Quentin et Croisilles. Les positions allemandes abordées en même temps sur de nombreux points sont enfoncées dès les premières heures de l'offensive et une avance de 5 à 8 kilomètres est réalisée sur tout le front d'attaque. Les deux premières positions de la zone Hindenburg sont dépassées.

Les premiers résultats de l'attaque sont magnifiques. Un grand nombre de fortins, de réduits, de fermes et de bois organisés sont enlevés.

Le beau temps a favorisé le début de l'opération, mais la tempête qui se déchaîne le 21 gêne considérablement la suite de l'attaque.

Les progrès continuent néanmoins, et, le 21 au soir, les assaillants franchissent le double réseau de défense du canal, dépassant Masnières et enlevant au centre Fontaine-Notre-Dame. Les troupes britanniques se trouvent à moins de 3 kilomètres des faubourgs de Cambrai. Plus de 100 canons, 8.000 prisonniers 180 officiers restent entre leurs mains. La ligne Hindenburg est fortement entamée.

Le 22 novembre, les combats continuent, acharnés, surtout dans le secteur de Fontaine-Notre-Dame et du bois Bourlon.

GÉNÉRAL BYNG.

Les Allemands, surpris par cette nouvelle méthode d'attaque, se ressaisissent et passent à leur tour à la contre-attaque, voulant à tout prix enrayer cette avance dangereuse qui menace de tourner, par le sud, l'énorme système de défense de Quéant.

La bataille recommence acharnée, le 23. Le bois et le village de Bourlon sont enlevés d'assaut après de terribles corps à corps, mais les Allemands furieux de la perte de ces importants points d'appui lancent contre-attaques sur contre-attaques et réussissent finalement à enrayer la progression britannique.

La contre-offensive allemande (30 novembre - 6 décembre).

L'offensive britannique du 20 novembre avait eu pour résultat de créer face à Cambrai un saillant prononcé. Des hauteurs de Bourlon, les Britanniques voyaient à revers les positions de Quéant. Cette situation devenait intenable pour les Allemands si ce succès pouvait être maintenu et elle risquait de devenir désastreuse si le succès était élargi, obligeant l'ennemi à modifier profondément ses lignes.

Von Marwitz qui commande la IIIᵉ Armée allemande, amène en toute hâte de puissantes réserves prélevées sur les fronts voisins. En attaquant sur les deux flancs du saillant, d'une part dans le secteur de Mœuvres, d'autre part au sud-est de Marcoing, il va s'efforcer de rejeter les Britanniques sur leurs positions de départ du 20 novembre et même au delà.

Dans la nuit du 29 au 30 novembre, vers trois heures du matin, l'offensive allemande se déclenche ; d'abord sur le flanc droit entre Crèvecœur et Vendhuille le long du canal de Saint-Quentin et ensuite sur le flanc gauche entre Mœuvres et Bourlon. Dans la journée, l'offensive s'étend de proche en proche et gagne tout le front du saillant ; menée à gros effectifs, elle est

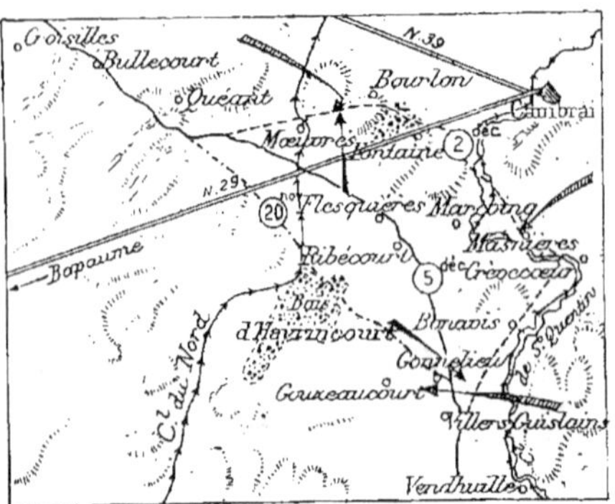

La bataille de Cambrai :
La contre-offensive allemande (30 novembre-6 décembre).

extrêmement violente. Les Britanniques résistent au choc sur le bord du saillant entre Mœuvres et Masnières, mais sur le flanc droit ils doivent céder du terrain.

Entre Bonavis et Villers-Guislains, les Allemands s'emparent de Gonnelieu, poussent jusqu'aux abords de Gouzeaucourt.

Le 1ᵉʳ décembre, les Britanniques ayant reçu leurs renforts, contre-attaquent vigoureusement. Gonnelieu est repris, dix attaques sont repoussées au nord du saillant vers Masnières, mais finalement les Britanniques doivent évacuer la pointe formée par le village de Masnières et repasser l'Escaut.

La bataille continue, acharnée, les 2 et 3 décembre. Les positions sont maintenues à peu près intégralement, sauf sur la droite où les Britanniques doivent encore céder du terrain.

L'avance allemande, au sud-est de Marcoing, qui constitue un danger sur le flanc droit des forces placées en pointe le long de la route Bapaume-Cambrai, oblige les Britanniques à rectifier leur front dans la nuit du 4 au 5 décembre.

Les positions du bois Bourlon sont abandonnées. Le front est ramené sur la ligne sud de Mœuvres, Flesquières, Ribécourt, Gonnelieu. Les jours suivants, la guerre de positions recommence. Les lignes se stabilisent et le calme se rétablit.

Le nombre insuffisant de chars d'assaut, l'étroitesse du front d'attaque et le manque de troupes d'exploitation qui eussent dû sur-le-champ élargir rapidement la brèche à droite et à gauche, n'avaient pas permis d'obtenir des résultats tactiques plus importants. La démonstration d'une nouvelle méthode d'attaque n'en avait pas moins été très brillante.

Les chars d'assaut supprimaient tous les inconvénients de la préparation d'artillerie : indication du lieu et du moment de l'attaque et bouleversement du terrain. Rapidement amenés de l'arrière, à pied d'œuvre, ils pouvaient, en assez grand nombre, écraser les réseaux de fil de fer, frayer des chemins à l'infanterie et réduire, par le canon et la mitrailleuse, les résistances, en fonçant dessus ; l'apparition soudaine de leur masse semait la panique chez les défenseurs.

Pour la première fois, la surprise dans une grande attaque de positions fortifiées avait été pleinement réalisée. Les Alliés, dans leurs offensives victorieuses de juillet à novembre 1918, appliqueront cette méthode tactique.

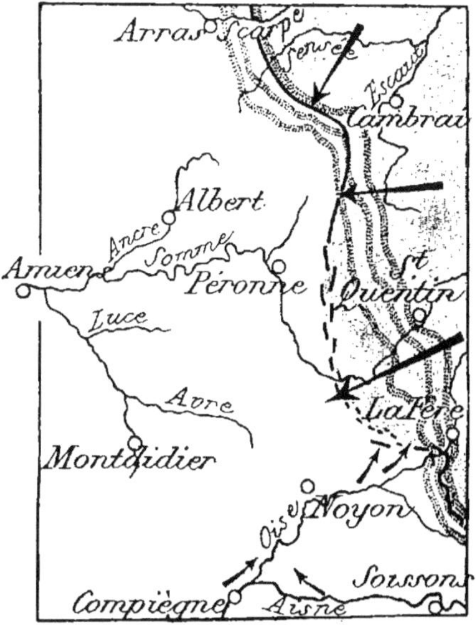

La rupture du front britannique (21 et 22 mars).

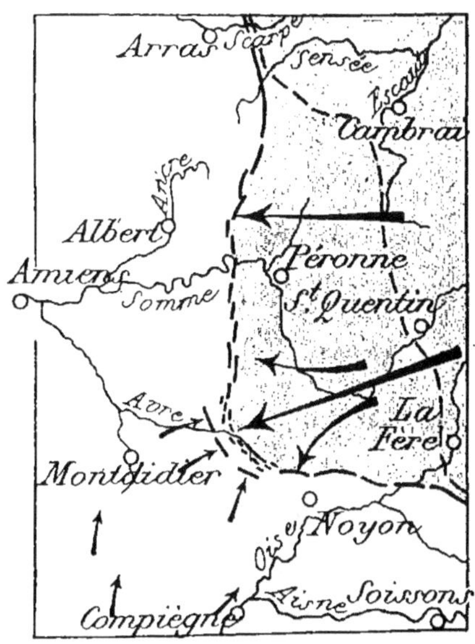

L'ouverture de la brèche.

L'offensive alliée : Réduction de la poche jusqu'au

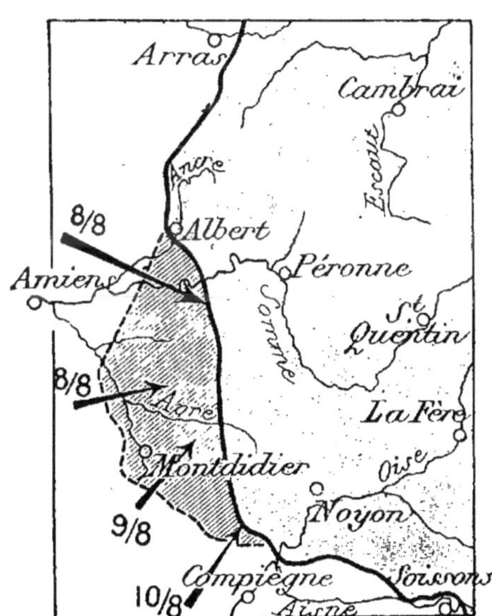

L'offensive du 8 au 12 août.
Libération de Montdidier.

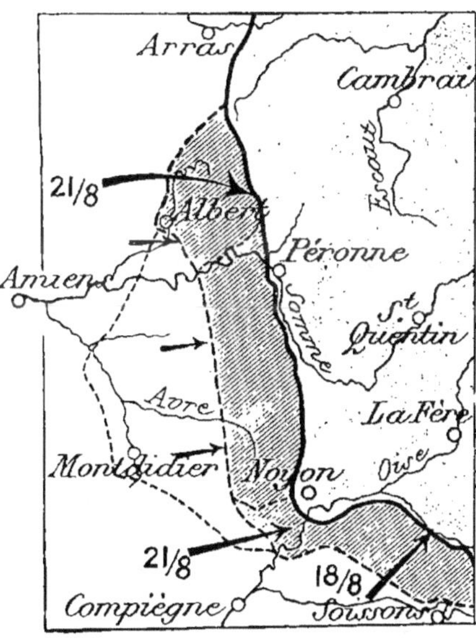

Les offensives conjuguées sur
Somme et Oise du 18 au 29 août.

DE PICARDIE EN 1918.

Les batailles de Picardie.

poche de Montdidier (21 mars-24 avril).

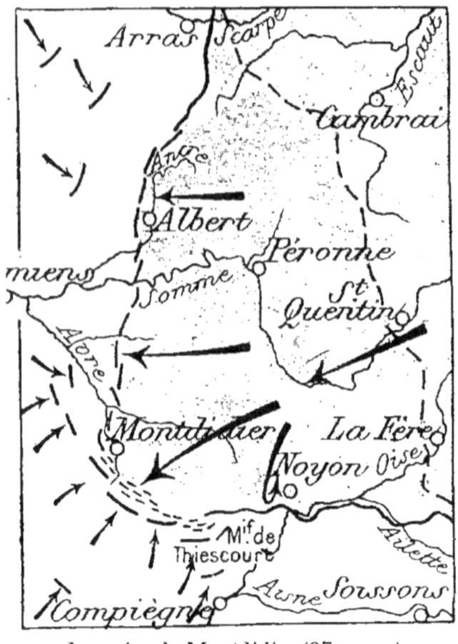

La prise de Montdidier (27 mars).

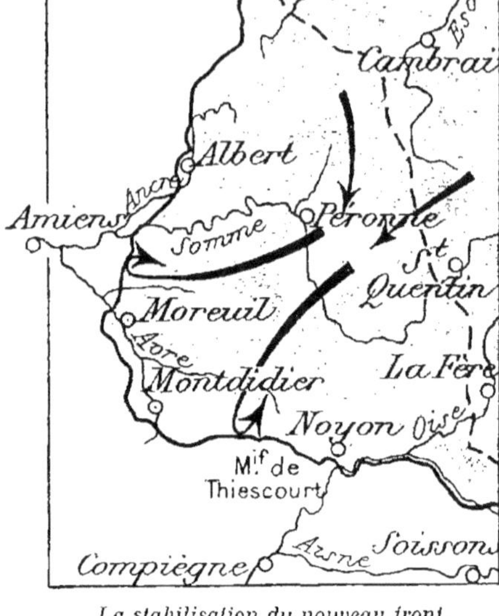

La stabilisation du nouveau front.

contact de la ligne Hindenburg (8 août-25 septembre).

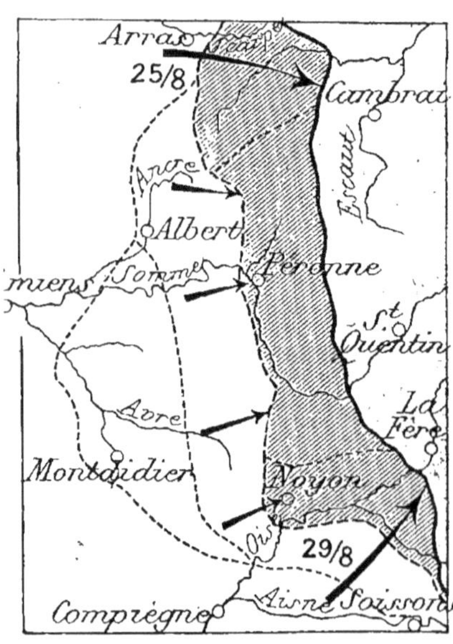

Les offensives conjuguées sur
Scarpe et Ailette du 25 août au 8 septembre.

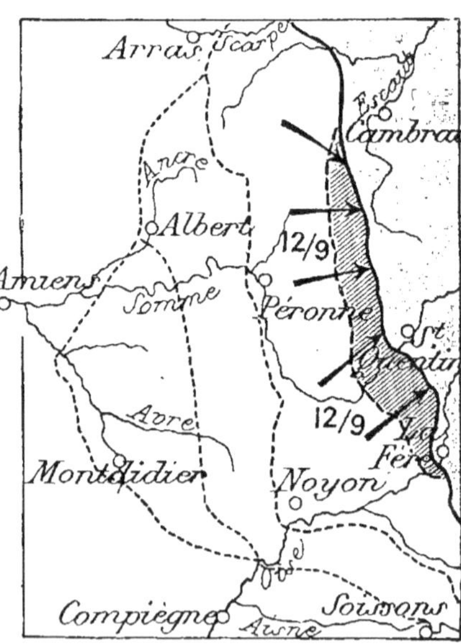

L'arrivée au contact de la ligne Hindenburg
(10-25 septembre).

LE FLUX ET LE REFLUX ALLEMANDS EN 1918
Formation de la poche de Montdidier (21-30 mars).

La capitulation de la Russie avait permis aux Allemands de grouper, sur le front occidental, de nouvelles forces. Avant que les ressources américaines n'arrivent, les Allemands cherchent la décision suprême.

Le 21 mars 1918, Ludendorff attaque sur un large front de 80 kilomètres, de La Fère à Croisilles, en exploitant à fond la puissance et la surprise.

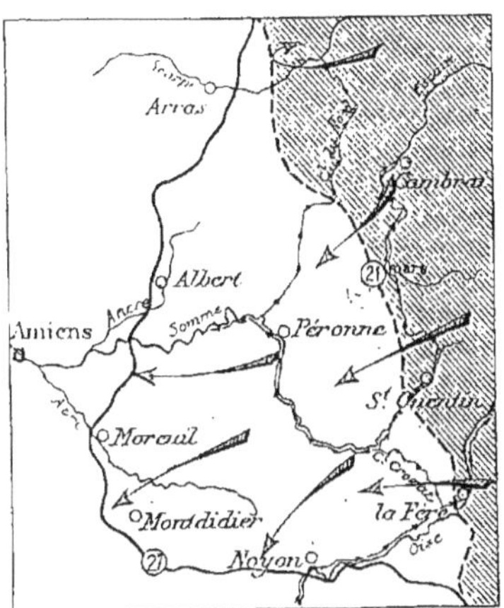

L'OFFENSIVE ALLEMANDE
DU 21 MARS 1918.

Submergées, les troupes britanniques battent en retraite. L'instant est tragique. La guerre est portée en rase campagne. Les réserves françaises arrivent de plus en plus nombreuses. La résistance s'organise : le 27 mars, Foch prend le commandement suprême. Les Allemands ont avancé de 60 kilomètres. Ils dépassent Montdidier et menacent Amiens. Mais à la fin de mars, la défense se soude. L'invasion meurt « comme la vague sur la grève ».

Après avoir renouvelé des poussées semblables en avril sur la Lys, en mai dans le secteur français du Chemin des Dames et être parvenue jusqu'au bord de la Marne, à Château-Thierry, l'armée allemande se rue le 15 juillet en Champagne, dans le suprême assaut

LIGNE D'INFANTERIE FORMÉE DE FRANÇAIS ET DE BRITANNIQUES CONFONDUS.

pour la paix. La parade et la riposte sont trouvées.

La ruée est brisée net.

La réduction
de la poche de Montdidier
(8-21 août).

Groupés sous le même chef, le maréchal Foch, les Alliés reprennent l'initiative, et, par des attaques incessantes conjuguées, vont bousculer l'ennemi qui s'épuise. Le 18 juillet, les armées Mangin et Degoutte contre-attaquent dans le flanc des divisions ennemies engouffrées dans la poche de Château-Thierry. (*Voir le Guide :* **La deuxième bataille de la Marne**).

Le 8 août, la 4e armée britannique (Rawlinson) et la 1re armée française (Debeney), sous le commandement du

LA RÉDUCTION DE LA POCHE DE MONTDIDIER (AOUT 1918).

maréchal Haig, chassent les divisions allemandes de la poche de Montdidier et des plaines du Santerre. Les Alliés menacent de déborder l'armée von Hutier, surprise en même temps, plus au sud, par une attaque de l'armée Humbert.

Le 21 août, l'armée britannique Byng défonce le front allemand dans le secteur d'Albert et déborde Bapaume, capturant 14.000 prisonniers, tandis que, la veille, l'armée Mangin avait déjà bousculé l'ennemi au sud de l'Oise.

Débordées aux deux ailes, les armées von Hutier et von Marwitz se replient sur la Somme et le canal du Nord, sur le front Bapaume, Péronne, Nesle, Noyon.

INFANTERIE AUSTRALIENNE PROGRESSANT DANS LA PLAINE, A HARBONNIÈRES, *après qu'un tank a nettoyé la ligne de mitrailleurs ennemis du premier plan.*

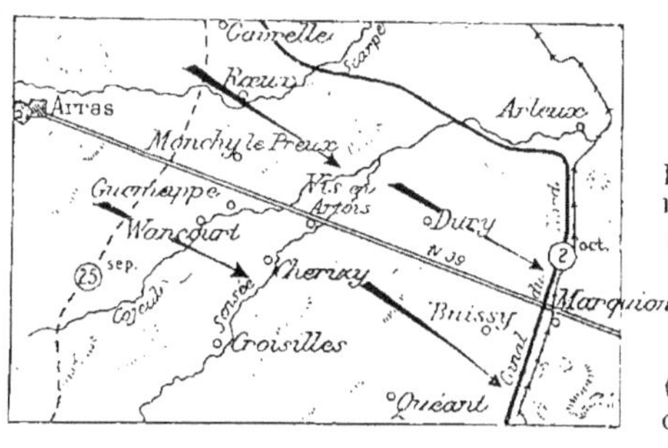

BATAILLE DE LA SCARPE (27 AOUT-6 SEPT.).
L'ennemi est rejeté sur le canal du Nord, d'où il sera chassé le 2 octobre.

Bataille de la Scarpe
(27 août - 6 septembre).

Le 21 août, par suite de la progression des armées britanniques sur la Somme, les positions allemandes présentent un saillant au sud de la Scarpe.

C'est ce saillant que la droite de l'armée Horne (corps canadien) et la gauche de l'armée Byng vont attaquer, afin d'essayer, comme le prescrit le maréchal Haig, «de tourner par le nord les positions ennemies de la Somme et de couper celles-ci de leurs communications ferrées vers le sud-ouest ».

Comme en avril 1917, Rœux, le mamelon et le village de Monchy-le-Preux sont les points d'appui les plus redoutables.

Le 25 août, les Canadiens, après avoir conquis Wancourt et Guémappe, enlèvent Monchy-le-Preux et Rœux.

Le lendemain Gavrelle, Vis-en-Artois, Chérizy tombent. Sur la Sensée, les assaillants sont au contact de la ligne Quéant-Drocourt.

Le 2 septembre, le corps canadien repart. Les villages de Quéant et de Dury, malgré une résistance farouche, sont enlevés. Le long de la route Arras-Cambrai, progressant de 5 kilomètres, les Canadiens atteignent les lisières de Buissy, pénétrant profondément dans le lacis de tranchées de la position.

Le nœud de jonction des lignes Siegfried et Drocourt-Quéant pris d'assaut, l'ennemi débordé par le nord est contraint à une retraite précipitée, vivement talonné sur tout le front du sud, par les armées Byng, Rawlinson, Debeney, Humbert.

Dans un indescriptible désarroi les Allemands atteignent les avancées de leur position « imprenable ».

Combats sur les avancées de la ligne.

Les avancées de la ligne Hindenburg, couvrant la ligne elle-même à 5 kilomètres ouest, comprennent les segments Drocourt-Quéant, Havrincourt-Epehy, Epehy-Holnon.

Déjà, au nord, le segment Drocourt-Quéant avait été entamé par les Britanniques dès le 2 septembre.

Avant de se lancer au grand assaut de la ligne Hindenburg, les armées Byng et Rawlinson doivent enlever ses avancées.

Le 10 septembre, l'armée Rawlinson approche du bois d'Holnon et atteint Vermand et Epehy.

CONQUÊTE DES AVANCÉES DE LA LIGNE HINDENBURG (10-18 SEPTEMBRE).

SUR LA ROUTE RAVAGÉE D'AMIENS A SAINT-QUENTIN.

Plus au nord, le 12 septembre, l'armée Byng franchit le canal du Nord, enlève Havrincourt.

Après trois jours de combat, ces deux armées brisent l'âpre résistance ennemie.

Le 18, elles atteignent les rives est du canal du Nord, emportent toutes les positions entre Holnon et Havrincourt, capturant 10.000 prisonniers et 150 canons.

Devant Saint-Quentin et l'Oise, l'armée Debeney appuie la droite des forces britanniques. Le 18, en liaison avec l'armée Rawlinson, elle enlève, devant Saint-Quentin, l'épine de Dallon et borde l'Oise.

Les lisières de la ligne Hindenburg sont atteintes. Les armées alliées sont au « pied du mur ».

LE GÉNÉRAL DEBENEY.   LE GÉNÉRAL HUMBERT.

L'ASSAUT CONTRE LA LIGNE HINDENBURG
L'assaut dans la bataille générale.

Le 26 septembre, l'ennemi, qui a dû évacuer presque tout le terrain conquis en 1918, est désorganisé, usé, fatigué et dans l'incapacité d'exécuter une contre-offensive. Pour se soustraire à cette bataille continuelle qui l'épuise, il cherche à se réfugier dans des positions qu'il estime imprenables, et à l'abri desquelles il espère pouvoir se réorganiser, se reposer, se reconstituer des réserves, impérieuse nécessité.

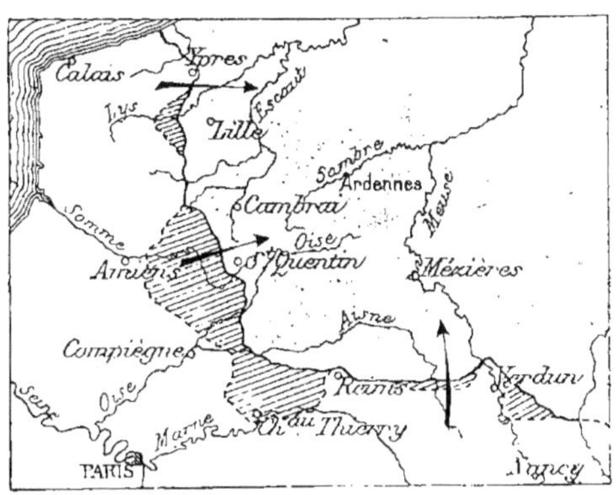

L'ASSAUT GÉNÉRAL (OCTOBRE-NOVEMBRE 1918).

La résistance doit être maintenant inébranlable, « la bête est rentrée dans sa carapace ». Des ordres sévères parviennent aux troupes.

L'arrêt de l'offensive alliée est, pour l'ennemi, son suprême espoir, mais Foch n'a point l'intention de desserrer l'étreinte. Il tient l'adversaire à la gorge et sans répit il va continuer à l'assaillir.

« Les résultats recherchés par le programme du 24 juillet, écrit Foch, ont été atteints et au delà dans la région de la Marne et dans celle d'Amiens.

« L'ennemi donne des preuves de désorganisation et il importe d'exploiter à fond le résultat acquis en poursuivant la bataille et en l'étendant jusqu'à la Meuse, actions d'ensemble à réaliser par les Alliés suivant des directions convergentes. »

Pour cette bataille de France, trois grandes attaques sont préparées qui doivent s'emboîter les unes dans les autres : l'attaque franco-américaine à la droite du sud au nord, l'attaque britannique aidée des Français au centre (en direction générale Cambrai-Saint-Quentin, rupture du front de la ligne Hindenburg), l'attaque anglo-franco-belge dans les Flandres. *« Il suffit qu'une ou deux de ces attaques réussissent pour que Ludendorff soit perdu ; on voit ainsi combien le plan du grand chef militaire comporte d'intelligence et de souplesse. »* (RECOULY : *La bataille de Foch.*)

L'attaque doit se déclencher sur le front Saint-Quentin, Cambrai. La droite de l'armée Horne attaque, au sud de la Sensée, les hauteurs du bois Bourlon, couvrant l'armée Byng qui doit s'emparer des passages de l'Escaut.

Quarante-huit heures après, l'armée Rawlinson doit effectuer l'attaque principale, entre Le Catelet et le Tronquoy, flanquée au sud par l'armée Debeney qui, par un encerclement par le nord et le sud, doit faire tomber Saint-Quentin.

A l'aile gauche : Bataille du Cambrésis (27-28 sept.).

En direction de Cambrai, les armées Horne et Byng doivent enlever les fortes positions qui couvrent la ville entre le canal du Nord et le canal de l'Escaut.

Un bombardement général de la Sensée à Saint-Quentin prélude à cette attaque. Le 27 au matin, les deux armées partent à l'assaut.

Le maréchal Haig écrit : « *La partie nord du canal est un obstacle trop formidable pour être traversée en présence de l'ennemi. Les divisions d'attaque ont donc dû se frayer un passage près de Mœuvres, sur un front relativement étroit et faire tomber ensuite la ligne du canal, au nord, par une attaque divergente s'ouvrant en éventail aussitôt après le franchissement.*

« *Cette manœuvre difficile fut heureusement exécutée, et, sur tout le front d'attaque, notre infanterie, appuyée par soixante-cinq tanks environ, fit une irruption profonde dans la position ennemie.* »

Dès le premier jour, l'armée Byng et la droite de l'armée Horne, emportant dix villages aux abords de Cambrai, font 10.000 prisonniers et enlèvent 200 canons.

Le lendemain, les assaillants approchent à trois kilomètres des faubourgs de Cambrai et franchissent, à Marcoing, la seconde ligne d'eau.

Au centre et à droite : Bataille du Vermandois (29-30 sept.).

Le 29 septembre, son flanc gauche largement couvert par l'avance de l'armée Byng, l'armée Rawlinson, dans les rangs de laquelle combat un corps américain, passe elle-même à l'attaque. Elle doit emporter le fossé redoutable du canal de Saint-Quentin. Entre Le Catelet et Bellicourt, ce fossé disparaît, le canal étant alors sous tunnel, l'ennemi y a accumulé défenses et blockhaus.

L'ASSAUT DEVANT CAMBRAI (27 SEPTEMBRE).

SUR LA ROUTE D'ARRAS A CAMBRAI : ÉQUIPES DE TRAVAILLEURS SUIVANT L'AVANCE.

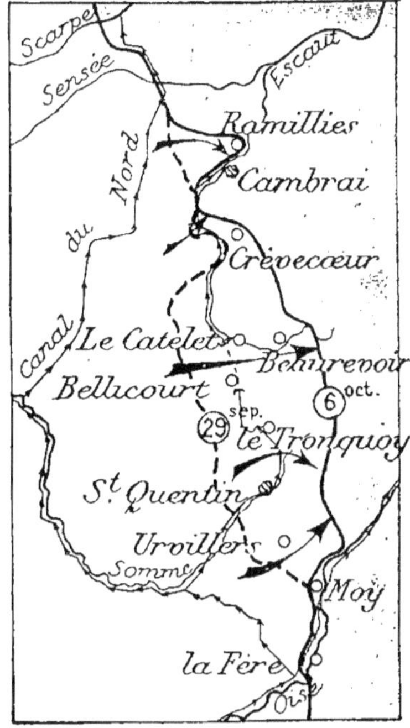

L'ASSAUT AU CENTRE DE LA LIGNE :
CONQUÊTE DU CANAL ET DE ST-QUENTIN.

Britanniques et Américains rivalisant d'ardeur se jettent, dès l'aube du 29, à l'assaut de l'obstacle ; en quelques heures, le canal est sur tous les points franchi et dépassé.

Le même jour à l'armée Debeney, le 15e corps, en liaison avec l'armée Rawlinson, déborde, au nord, Saint-Quentin abordé de face par le 36e corps; les 31e et 8e corps, sur le plateau d'Urvillers, débordent la ville au sud.

Le 30, l'armée Byng enlevant Masnières saisit les passages de l'Escaut, parvient aux lisières sud de Cambrai; le corps canadien, ce même jour, enveloppe la ville par le nord.

L'armée Rawlinson élargit la brèche au centre, s'empare notamment du tunnel du Tronquoy, point de résistance tenace. L'armée Debeney, en dépit d'une défense accrue, franchit la route de Cambrai à Saint-Quentin. Au sud, Urvillers que les Allemands ont réoccupé est repris.

Chute de Saint-Quentin et du Catelet.

L'armée Byng enlève Crèvecœur, investissant Cambrai par le sud tandis qu'au nord les Canadiens emportent les hauteurs de Ramillies.

Les Australiens de l'armée Rawlinson, par le sud, encerclent Le Catelet. Les Anglais de la même armée dépassent le canal de 7 kilomètres vers l'est. Le 3 octobre, Le Catelet est emporté et la ligne de Beaurevoir fortement entamée.

Plus au sud, l'armée Debeney repart à l'attaque. Au nord de Saint-Quentin, les soldats du 15e corps s'approchent du canal, le franchissent ; en même temps, les troupes du 36e corps débordent Saint-Quentin par le sud, puis par l'est; un détachement de ce corps se jette dans la ville que l'ennemi abandonne ; le 2 octobre, Saint-Quentin est entièrement occupé.

Plus au sud, le 31e corps progresse sur le plateau d'Urvillers, le 8e corps, à sa droite, atteint la vallée de l'Oise.

L'ennemi, atterré par sa défaite, réagit avec violence, mais en vain ; s'il arrête les corps de Debeney autour de Saint-Quentin, il ne peut empêcher l'enlèvement de la forte ligne de Beaurevoir ; débordé à l'est du Catelet, il est obligé d'abandonner les formidables positions du canal entre Le Catelet et Crèvecœur que la droite de l'armée Byng franchit.

Le dernier assaut. — La chute de Cambrai (8 octobre).

La ligne Hindenburg est crevée, dans sa plus grande partie le dernier assaut va réduire les dernières résistances.

Le maréchal Haig entend « *donner à l'ennemi un coup vigoureux et exploiter le succès obtenu par des troupes montées avant que l'adversaire n'ait pu organiser une nouvelle position défensive* ».

Le 8 octobre, les armées Byng et Rawlinson en liaison avec l'armée Debeney attaquent au sud de Cambrai, appuyées par des tanks. Pénétrant d'une profondeur de 5 kilomètres, elles franchissent les lignes de tranchées à peine achevées et arrivent en terrain découvert, malgré les violentes réactions ennemies soutenues aussi par des chars d'assaut.

« *Comme conséquence, écrit sir Douglas Haig, l'ennemi cesse de résister. Son infanterie se débande, se retire sans arrêt vers l'Est tandis que les aviateurs rendent compte que les routes convergeant vers le Cateau sont bloquées par les entassements de troupes et de convois. Pendant la nuit du 8 au 9, des patrouilles canadiennes entrent dans Cambrai par le nord et donnent la main à des patrouilles de la 57e division qui s'étaient infiltrées dans la partie sud de la ville.* »

L'armée Debeney s'est lancée sur le plateau, au sud-est de Saint-Quentin·

Les derniers remparts de la ligne Hindenburg sont franchis.

Le 9, les armées von Marwitz et von Hutier sont en pleine retraite, pressées vigoureusement par la cavalerie britannique qui les empêche de se livrer à leurs destructions habituelles.

Les Allemands s'arrêtent derrière la Selle jusqu'au nord du Cateau, derrière une position hâtivement créée entre cette ville et Bernot, sur l'Oise. Ils sont résolus à résister derrière cette nouvelle ligne.

L'imprenable ligne Hindenburg, symbole mystique de la résistance allemande, est donc brisée. Britanniques, Français, Américains, ont dans maints combats des plus âpres de la campagne fait preuve d'une vaillance incomparable, emportant un fossé soi-disant « infranchissable » et des bastions « imprenables », avec plus de 60.000 prisonniers et 975 canons.

« *Dans l'âme des combattants, plus que dans le béton des blockhaus, se trouvait le secret de la victoire.* » (MADELIN.)

L'ennemi était défait surtout moralement. Comment résisterait-il maintenant puisque les positions les plus formidables étaient emportées ? Le découragement s'empare des combattants les plus résolus.

Le Haut Commandement allemand, désemparé, mesure l'effroyable péril dans lequel le met l'usure de ses divisions et la menace sur ses voies de communications essentielles...

Impitoyablement, l'assaut continue de la Meuse aux Flandres.

Bataille de la Selle et de la Sambre.

Dès que leurs communications sont établies avec l'arrière, les Bri-

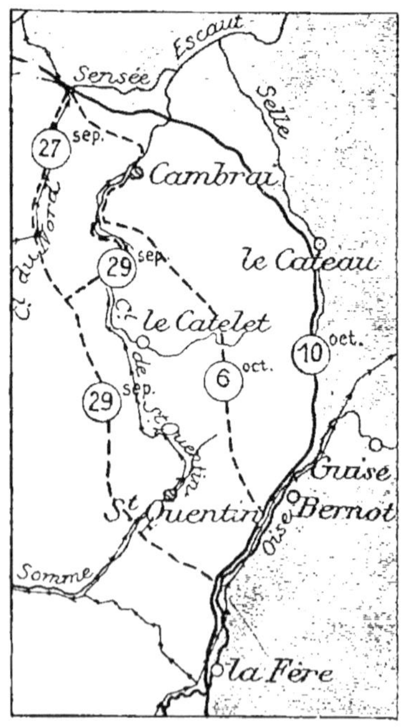

LE DERNIER ASSAUT CONTRE LA LIGNE
(8 OCTOBRE).

Au nord de Saint-Quentin :
Britanniques et Français au repos après une attaque.

tanniques et les Français repartent à l'attaque, prenant part à l'immense
assaut concentrique.

La Selle et le canal de l'Oise à la Sambre sont franchis difficilement
dans des combats qui se livrent violents autour de chaque village, de chaque

Le général Fayolle, commandant le Groupe des Armées Humbert et Debeney

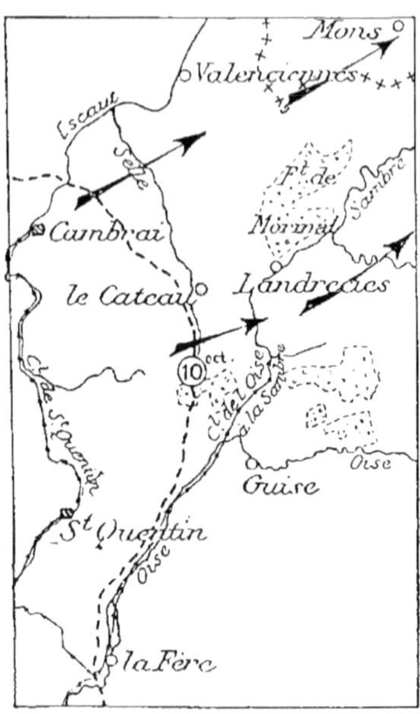

La bataille
de
la Selle et de
la Sambre
(10 oct.-5 nov.).

bois, avec un ennemi qui dispose de nombreux tanks. Vaincu, il se voit obligé de reculer dans Valenciennes et dans la grande forêt de Mormal.

Vingt mille prisonniers, 457 canons, tombent entre les mains des Alliés.

Du 1er au 5 novembre, la ligne de la Sambre où l'ennemi s'est encore accroché est largement franchie. Landrecies et Valenciennes tombent. Le 5, l'ennemi commence le grand repli qui mène jusqu'à Mons les corps britanniques, sur ce même champ de bataille des journées sinistres d'août 1914.

L'ennemi, irrémédiablement perdu, est partout en pleine retraite, l'indiscipline et le désordre règnent dans ses rangs. Sous le coup d'une attaque en Lorraine et d'un désastre sans précédent, il implore l'armistice et capitule en rase campagne, le 11 novembre.

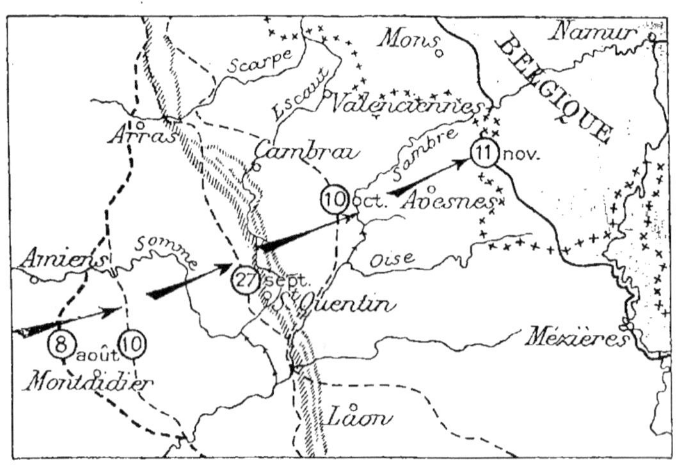

Les poussées
successives
du
8 août
au
11 novembre
1918.

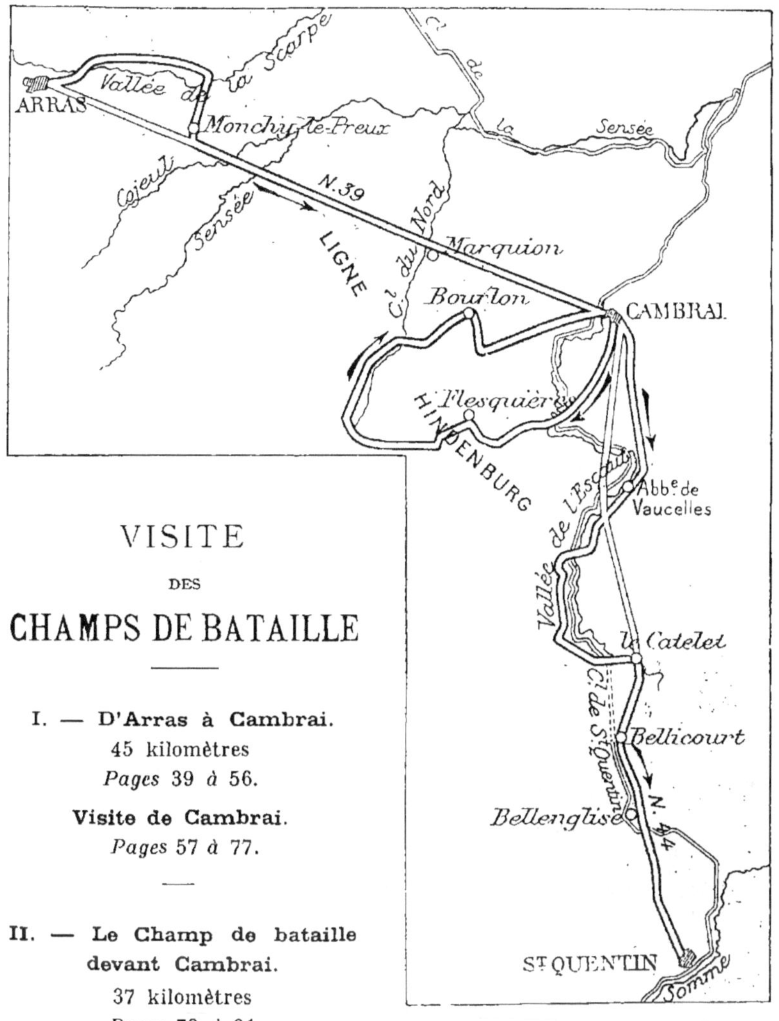

VISITE

DES

CHAMPS DE BATAILLE

—

I. — D'Arras à Cambrai.
45 kilomètres
Pages 39 à 56.

Visite de Cambrai.
Pages 57 à 77.

—

II. — Le Champ de bataille devant Cambrai.
37 kilomètres
Pages 78 à 91.

III — De Cambrai à Saint-Quentin.
46 kilomètres
Pages 92 à 103.

Visite de Saint-Quentin.
Pages 104 à 127.

Visitez **Arras** *avec le Guide illustré des Champs de bataille.*

Arras et les batailles d'Artois.

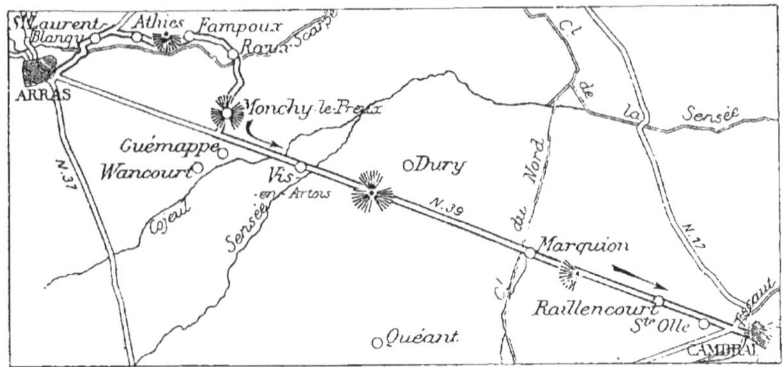

ITINÉRAIRE D'ARRAS A CAMBRAI (45 KILOMÈTRES)

D'ARRAS A CAMBRAI

Dans **Arras,** *de la place de la Gare, face à la gare, prendre à gauche la N. 50 (route de Douaï) qui suit la voie ferrée. 300 mètres après un passage à niveau, on entre dans le village ruiné de* **Blangy** ; *suivre dans le village la N. 50, après avoir franchi une écluse, puis la Scarpe, tourner à droite dans* **Saint-Laurent-Blangy.**

En octobre 1914, les Allemands espèrent enlever Saint-Laurent-Blangy, dernier point d'appui devant Arras. Ce village est tenu par des troupes de la division alpine (Barbot). Le 22, dans l'après-midi, au moment où s'ef-

SAINT-LAURENT-
BLANGY :

L'ÉCLUSE DE LA
SCARPE CANALISÉE
AVANT LA GUERRE.

SAINT-LAURENT-
BLANGY :

LES RIVES DÉVASTÉES
DE LA SCARPE EN
1918 *(près du moulin).*

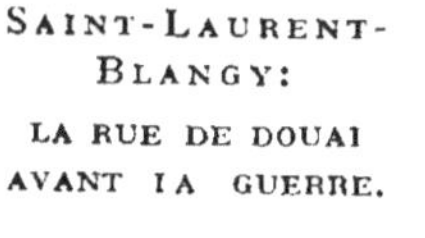

*La même rue après
la guerre.*

LES RUINES DE
L'ÉGLISE DE SAINT-
LAURENT-BLANGY,
EN MARS 1920.

fondre le beffroi d'Arras, les Allemands, devant leur empereur, attaquent les ruines de Saint-Laurent, dont les maisons croulent sous les obus, au milieu des incendies. Les chasseurs des 60e et 61e bataillons, auxquels se sont mêlés des zouaves et des sapeurs qui viennent de débarquer, opposent une résistance farouche. Attaques et contre-attaques se succèdent dans le feu, la fumée, les explosions. Le quartier Est du village est perdu, mais les défenseurs se maintiennent près du carrefour central, malgré la menace de débordement de l'ennemi qui avait progressé sur les hauteurs nord du village.

Après octobre, les lignes se fixent dans le village et durant la longue période de guerre de positions, Saint-Laurent-Blangy est un point particulièrement agité à cause de sa proximité de la ville d'Arras. Saint-Laurent-Blangy est emporté à l'aube le 9 avril 1917 d'un seul élan par les troupes britanniques de la 9e division, du corps Fergusson, préalablement rassemblées dans les caves d'Arras.

Continuer tout droit, on remarque à gauche les baraquements du nouveau village adopté par la ville de Versailles.

A la sortie du village, bifurcation, prendre à droite le G. C. 42 sur Athies et Fampoux. Le touriste, jusqu'à Rœux, va suivre le chemin d'attaque parcouru par les Ecossais de la 9ᵉ division dans les journées du 9 et du 10 avril 1917. *La route passe sous la voie ferrée d'Arras à Lens.* Cette voie ferrée constitua, lors de l'offensive britanniques d'avril 1917, un solide point d'appui ennemi avec ses talus et ses coupures aménagées.

*Laisser les ruines d'**Athies** sur la droite, s'arrêter 1.600 mètres environ après ces ruines où la route domine légèrement la vallée de la Scarpe. (Voir croquis p. 42.)*

Les pentes des molles ondulations de la plaine s'inclinent doucement vers la rivière. Des marécages s'étendent dans le fond plat de la vallée.

Les Allemands, crevant les berges du canal, avaient encore aggravé ces étendues d'eau. (*Photo ci-dessous.*)

La voie ferrée Arras-Douai suit d'abord la vallée au sud de la Scarpe, puis la traversant à Fampoux, elle passe sur la rive nord de la rivière.

La route Arras-Cambrai court au delà de la crête qui barre l'horizon au sud.

Outre les villages fortifiés d'Athies, de Feuchy, de Fampoux dont on aperçoit les ruines dans la vallée, les Allemands avaient créé de puissantes organisations ; lacis inextricables de boyaux et de tranchées couronnant le sommet des ondulations. C'étaient principalement : *le Triangle*, à la bifurcation des lignes Arras-Douai et Arras-Lens, puis au nord d'Athies « *l'Hyperabad redoubt* », au nord de Fampoux « *le Greenland Hill* », enfin au sud de Feuchy, *la colline Orange* (*Croquis*, *p.* 42).

La Scarpe séparait les corps Haldane et Fergusson (6ᵉ et 17ᵉ).

LA VALLÉE DE LA SCARPE A L'EST D'ARRAS, EN NOVEMBRE 1918.
La vallée inondée par la Scarpe, le canal crevé, les marais aggravés. — A l'horizon, les hauteurs organisées dominant la route de Saint-Laurent à Fampoux.

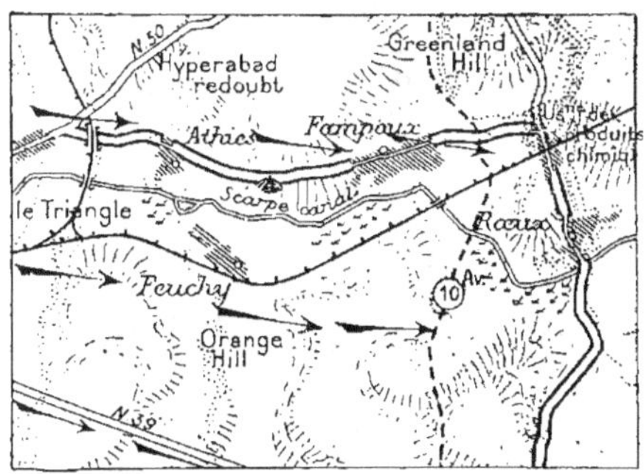

LA BATAILLE D'ARRAS (AVRIL 1917).

Le 9 avril, au sud de la Scarpe, après avoir enlevé le « *Railway triangle* » à 14 h. 30, l'infanterie écossaise progresse jusqu'aux seconds objectifs passant par les villages d'Athies et de Feuchy.

Six brigades d'artillerie suivent de près l'infanterie, mettent en batterie et contribuent par leur feu précis à l'enlèvement de cette deuxième position, véritable prouesse quand on songe aux énormes difficultés d'un terrain chaotique et fangeux.

A 2 heures, après avoir traversé tous les obstacles, bombardés à courte distance, les assaillants se ruent sur les batteries ennemies et les capturent.

A 16 heures, les Ecossais ont atteint leur objectif final de la première journée, poussant vers l'est leurs patrouilles au contact de la 3e position.

Au nord de la Scarpe, les Highlanders Tynesiders et les Sud-Africains foncent sur chaque position. A 10 heures, ils ont conquis les trois lignes de tranchées s'étendant de Blangy à la voie ferrée.

La gauche de la division, arrêtée un moment devant la voie ferrée, est dégagée par un régiment du Transvaal.

Athies est emporté d'un seul élan. Les Ecossais de la 9e division avaient déjà capturé deux mille prisonniers. Vers 11 heures, la 4e division en réserve avance, traverse les rangs fatigués de la 9e, pousse le long de la Scarpe, bousculant un ennemi déjà fort ébranlé. Sous un feu terrible partant des lisières de Fampoux, les assaillants progressent malgré leurs pertes.

Devant Fampoux, la préparation d'artillerie avait imparfaitement détruit les réseaux. S'engageant à travers les brèches à la file indienne, les fantassins du 2e West Fidings enlèvent le village à la baïonnette, clouant sur place les mitrailleurs ennemis.

En même temps, sur les pentes nord qui dominent la route, la redoute Hyperabad est emportée après de furieux corps à corps.

Après cette progression, la 4e division étant en flèche, sa gauche s'établit en crochet, face au nord, tandis que sa droite est face aux redoutables positions de l'usine de produits chimiques qui se trouve à cheval sur la voie ferrée Arras-Douai et qui constituera pendant bien des jours un gros obstacle pour toute avance.

Dans la soirée, le corps de cavalerie progresse le long de la rive sud de la Scarpe, capture trois mortiers de 240 et établit la liaison entre les Ecossais occupant les pentes de la vallée.

Le lendemain 10 avril, les Ecossais organisent le terrain conquis.

Continuer la route, traverser les ruines de **Fampoux** ; *1.200 mètres environ après la sortie du village, croisement de la route suivie et de celle de Gavrelle à Rœux.*

C'est à ce croisement qu'était la fameuse usine de produits chimiques qui, avec le village de Gavrelle et la position de Greenland Hill au nord, le village de Rœux au sud, constituaient les puissants points d'appui de la 3e position allemande devant laquelle s'arrêta l'offensive britannique du 9 avril.

DANS LA VALLÉE DE LA SCARPE, PRÈS D'ATHIES.
L'ORGANISATION DU TERRAIN CONQUIS.

Ces points d'appui furent peut-être les plus disputés du front britannique. Ils furent pris et repris plus de dix fois du 23 avril au 20 mai.

L'usine de produits chimiques et le village de Rœux interdisaient, par le feu de flanc de leurs mitrailleuses et de leurs canons, toute progression sur la rive sud de la Scarpe.

Le 10 mai, au petit jour, la 4ᵉ division attaque par surprise ; l'usine de produits chimiques, la gare de Rœux, le village sont enlevés. C'était le 9ᵉ assaut britannique contre ces centres de résistance. L'usine défendue par le 362ᵉ Brandebourgeois est enlevée par le 1ᵉʳ East Lancashire et la 1ʳᵉ Rifle Brigade, le village par la 10ᵉ brigade. Les jours suivants, le 54ᵉ Highland Territorial résiste victorieusement aux contre-attaques ennemies incessantes, particulièrement le 16 mai où une division allemande est anéantie.

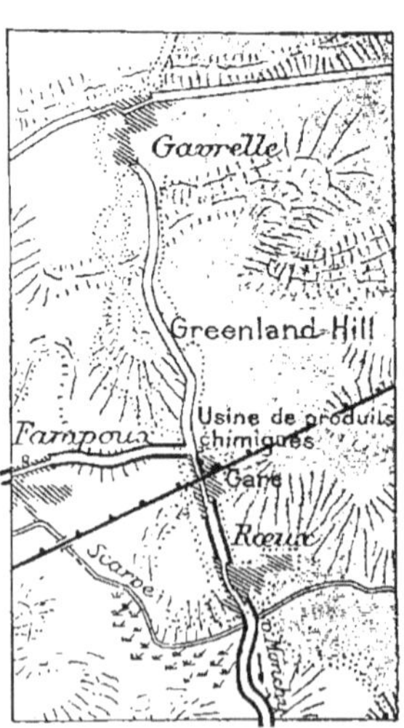

Aux ruines de l'usine de produits chimiques dont le chaos inextricable témoigne des luttes ardentes qui s'y sont déroulées, prendre à droite (Croquis p. 42), traverser la voie ferrée d'Arras-Douai.

Descendre dans **Rœux** *complètement rasé. Un tumulus blanc un peu plus haut que d'autres indique l'emplacement de l'église sur la gauche de la route (Photos p. 44).*

Traverser la Scarpe canalisée, aux rives saccagées.

Rœux
EN MARS 1920 :
L'ÉGLISE,
*tumulus derrière
les troncs d'arbre.*
LA RUE QUI
DESCEND VERS
LA SCARPE.

Rœux AVANT
LA GUERRE :
L'ÉGLISE
ET LA RUE QUI
DESCEND
VERS LA
SCARPE.

DANS Rœux RUINÉ (MARS 1920).
Les premiers habitants revenus au sol natal.

Se diriger vers **Monchy-le-Preux** dont les ruines couronnent une butte qui domine toute la région.

Arrivé dans les ruines du village, au sommet de la route, *descendre au delà une centaine de mètres*, puis au carrefour indiqué sur la photo ci-dessous *prendre le chemin à droite.*

S'arrêter cinquante mètres plus loin, monter à pied, à droite, sur les ruines de l'église.

Sur la butte de Monchy-le-Preux, par temps clair, on découvre un superbe tour d'horizon sur les champs de bataille d'Artois. (*Photos* p. 46 *et* 47).

Aux premiers plans, ce sont les ruines du village, amas informes de pierres, de briques, de ferrailles, envahies par les herbes sauvages,

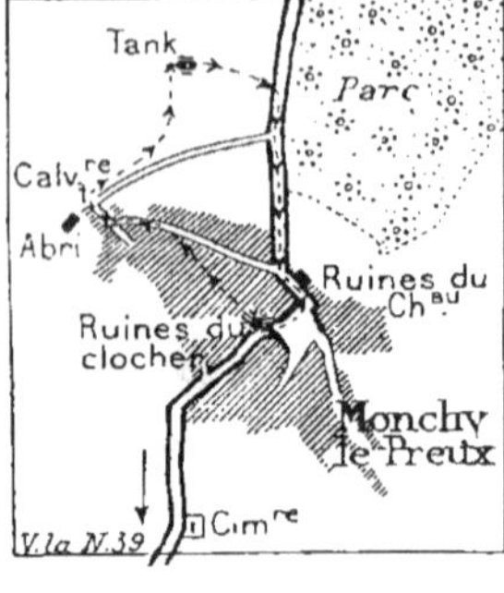

ITINÉRAIRE
DANS MONCHY-LE-PREUX.

les baraquements des premiers habitants revenus au sol natal. Tout autour, descendent vers la plaine les pentes dévastées de la butte.

Au nord, s'étend la vallée de la Scarpe que l'on vient de quitter, la route que l'on a suivie passe auprès d'une maisonnette au toit rouge, descend vers la vallée et disparaît dans les ruines de Rœux.

En appuyant sur la gauche, on découvre successivement les ruines de Fampoux, Feuchy et Athies, le ruban de la voie ferrée qui barre la vallée.

Enfin tout à gauche, les ruines d'Arras ; à la jumelle on distingue la gare, la silhouette de la Cathédrale et de l'Hôtel de Ville en ruines.

MONCHY-LE-PREUX
EN MARS 1920 :
LA PLACE
DE LA MAIRIE.

(*Vue prise du même emplacement que celle ci-dessous.*)

MONCHY-LE-PREUX
AVANT LA GUERRE:
LA PLACE
DE LA MAIRIE.

La mare au premier plan a disparu comme les maisons.

A. La Scarpe. — B. Ruines de Rœux. — C. Route de Monchy à Rœux. — D. Parc du Château. — E. Château de Monch...

PANORAMA PRIS DES RUINES DE L'ÉGLISE

Au delà de la vallée de la Scarpe, à l'horizon, s'élèvent les pentes sud de la falaise de Vimy.

A droite de Rœux, la vallée de la Scarpe s'allonge vers Douai avec le chapelet des taches blanchâtres et rougeâtres des villages ; tout à fait à droite, Douai s'estompe dans la fumée de ses usines.

Tournons vers la droite. En plein est, se dressent dans la plaine, à 2.000 mètres environ, les hauteurs du bois du Sart et du bois du Vert (Infantry Hill), puissants points d'appui creusés en tous sens, avancées de la fameuse ligne Drocourt-Quéant.

A droite du bois du Vert court la route nationale Arras-Cambrai, qui disparaît à l'est dans la vallée du Cojeul et de la Sensée.

En plein sud, une longue croupe parcourue sur la crête par la route nationale masque la vallée du Cojeul ; les hauteurs de Bullecourt barrent l'horizon.

En plein ouest s'étendent les molles ondulations de la plaine d'Arras, champ de bataille de l'offensive britannique du 9-10 avril 1917.

Avant avril 1917, la butte de Monchy-le-Preux, placée dans la troisième position allemande, était pour l'ennemi un remarquable observatoire du secteur est et sud-est d'Arras ; on en comprend l'importance.

Les pentes Est masquaient de nombreuses batteries lourdes dont les obus écrasaient Arras.

Le château servait de poste de commandement divisionnaire.

Les caves renforcées du village abritaient des troupes au repos, particulièrement des pionniers chargés de l'organisation du secteur bois du Vert, bois du Sart.

Quelques obus britanniques tombaient parfois sur le village habité encore jusqu'en mars 1917.

LE CLOCHER DE MONCHY-LE-PREUX AVANT LA GUERRE.

du Sart. — I. Bois du Vert. — J. Chemin de Monchy à la Nationale — Route nationale d'Arras à Cambrai

ONCHY-LE-PREUX (MARS 1920).

Monchy-le-Preux fut évacué à cette époque, au moment où l'ennemi décida de reporter sa ligne de résistance sur les positions de la ligne Hindenburg.

LES BARAQUEMENTS DES PREMIERS HABITANTS REVENUS A MONCHY-LE-PREUX (MARS 1920).
A l'horizon : Hauteurs de Bullecourt ; plus près : Crête sur laquelle court la route d'Arras à Cambrai.

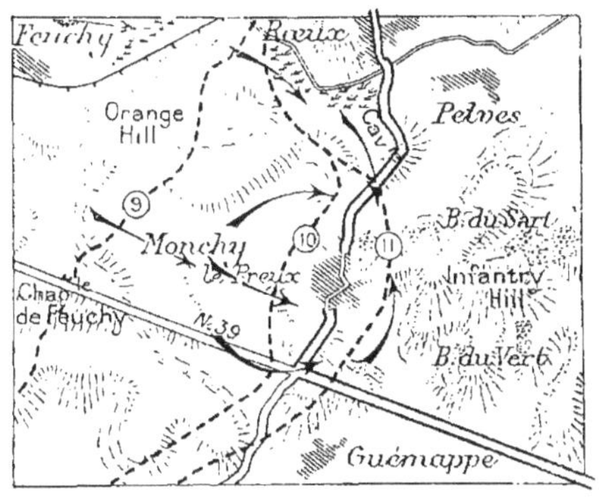

PRISE DE MONCHY-LE-PREUX
(11 AVRIL 1917).

La prise de la butte de Monchy-le-Preux par les Anglais.
(Avril 1917).

Le soir du 10 avril, les 3e et 12e divisions du Corps Haldane, parties du sud d'Arras, sont parvenues aux lisières ouest du village et ont atteint le sud de la butte sur la route Arras-Cambrai et au nord, les abords de la route Monchy-Rœux. Le mauvais temps persiste et gêne considérablement le déplacement de l'artillerie d'appui.

Pendant la nuit, la 12e division est relevée par la 37e. A l'aube, l'infanterie anglaise progresse sous un feu violent et dans une tempête de neige, l'investissement de la butte se resserre. A 9 heures, la 13e Rifle brigade, aidée très efficacement par un tank remarquable d'adresse et de vaillance, atteint les maisons à l'est du village.

En même temps, trois régiments de cavalerie de la 8e brigade, le Royal Horse Guards, le 10e Hussards et l'Essex Yeomanry, arrivent au galop et complètent l'investissement.

Arrivant du côté Est du village, cette cavalerie prise sous le feu de nombreuses mitrailleuses, subit de lourdes pertes. En quelques minutes, plus de cinq cents chevaux sont touchés. Le général Rulkeley Johnson, commandant ce raid audacieux, est tué.

Pendant ce temps, l'assaut est donné sur la butte, cent cinquante prisonniers restent aux fantassins, de nombreux cadavres ennemis gisent sous les décombres.

L'artillerie montée des régiments de cavalerie, mettant en batterie au galop, mitraille les fuyards qui essaient d'échapper aux vainqueurs.

AU PIED DES PENTES NORD DE MONCHY
TANK BRITANNIQUE DÉMOLI.

Exténués, ceux-ci sont relevés, le lendemain. La position conquise, mais soumise à un bombardement extrêmement violent, est solidement organisée.

Le choc violent de deux attaques opposées.

Le 14 avril à l'aube, flanquée vers la Scarpe de la 17ᵉ division, la 29ᵉ division doit dégager la butte de Monchy vers l'est.

Tandis que les attaques aux ailes échouent, l'attaque du centre (régiment d'Essex et régiment de Terre-Neuve) atteint le bois du Vert (Infantry Hill). Mais à ce moment une puissante offensive de la 3ᵉ division bavaroise se déclanche du bois du Sart vers Monchy-le-Preux, précédée d'un barrage très dense qui isole complètement de leurs arrières deux bataillons entiers de Terre-Neuviens. La division bavaroise se rue sur les deux bataillons qui font face au danger. L'ennemi compte balayer aisément cette mince résistance. Un sanglant combat se déroule, la résistance se prolonge.

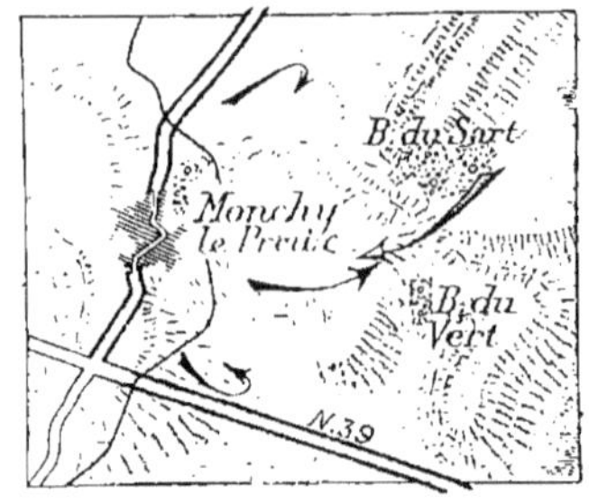

LE CHOC D'ATTAQUES OPPOSÉES
(14 AVRIL 1917).

Les défenseurs de Monchy s'efforcent sous un tir écrasant, de porter secours à leurs camarades, mais en vain. Les deux bataillons succombent. De certaines vaillantes compagnies, pas un homme ne revint et très peu de prisonniers furent faits.

Leur sacrifice ne fut pas vain. Les Allemands ne purent prendre pied dans Monchy-le-Preux qui resta un puissant point d'appui britannique, jusqu'en mars 1918.

Comme Rœux, Monchy-le-Preux fut évacué en mars 1918, par suite du repli de la gauche de l'armée Byng au moment de la poussée allemande du 21 mars-4 avril.

La reprise de Monchy par les Canadiens.
(Août 1918).

Le 25 août 1918, le corps canadien, droite de l'armée Horne, à cheval sur la Scarpe, attaque les positions allemandes en saillant depuis l'avance plus au sud des armées Byng et Rawlinson.

La position principale la plus difficile à emporter est constituée par la butte de Monchy-le-Preux.

Dès 7 h. 30, dans un élan impétueux, la 8ᵉ brigade canadienne emporte Monchy-le-Preux, dépasse la position, portant sa ligne à 7 kilomètres de sa base de départ et repoussant de violentes contre-attaques.

Le lendemain, les Canadiens poursuivent leur progression, emportent à l'est de Monchy-le-Preux, les bois du Sart et du

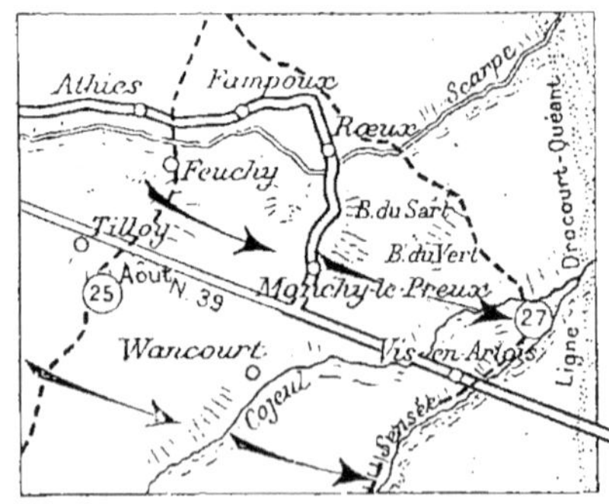

REPRISE DE MONCHY EN 1918.

Près du calvaire de Monchy (ouest du village) : Un blockhaus allemand
dominant la plaine.

Vert, atteignent même Vis-en-Artois, à quatre kilomètres au sud-est de
Monchy sur la route nationale.

Le 31 août, les Canadiens, brisant tous les obstacles, avaient complètement nettoyé la zone ennemie entre la Scarpe et la Sensée et étaient prêts
à assaillir la redoutable ligne Quéant-Drocourt.

*Si le touriste dispose de quelque temps, il peut à pied parcourir l'intéres-
sant champ de bataille de la butte de Monchy. (Voir croquis, p. 45.)*

De l'observatoire, gagner le chemin qui descend vers le CALVAIRE DE
MONCHY.

De cette croix, dont les quatre tilleuls qui l'entouraient dressent leurs
troncs décharnés, la vue s'étend sur la plaine à l'ouest de la position,
sillonnée autrefois en tous sens, d'organisations. A quelques pas du calvaire,
remarquer un ancien abri bétonné allemand. Les obus ont pu à peine entamer
l'épaisse carapace. A l'intérieur, des créneaux à large champ horizontal
s'ouvrent sur la plaine. On comprend avec quelle facilité les mitrailleuses
abritées sous ce béton devaient balayer le glacis dénudé. Des blockhaus
semblables étaient disposés tout autour de la butte.

*Du calvaire, se diriger vers le tank abandonné au pied des pentes nord
de la butte ; on franchissait encore, en mars 1920, plusieurs systèmes de tranchées et boyaux étagés sur les pentes.*

Le tank a été démoli vraisemblablement par un obus de plein fouet
au moment où, contournant le village par le nord, il se dirigeait sur. le parc
ravagé au nord-est du village.

*Revenir à la route de Rœux à Monchy, monter dans les ruines du village,
remarquer à gauche l'ancien emplacement du château de Monchy ; un observatoire allemand bétonné y était établi. Revenir à la voiture.*

*Descendre les pentes sud de la butte vers la N. 39. 800 mètres après la
sortie du village, restes d'un tank britannique démoli.*

LES PENTES NORD DE LA BUTTE DE MONCHY-LE-PREUX (MARS 1920).

LE CHATEAU
DE
MONCHY-LE-PREUX
PENDANT
L'OCCUPATION
ALLEMANDE.

LES RUINES
DU MÊME
CHATEAU
EN MARS 1920.

*(Au 1ᵉʳ plan on
retrouve un arbre
et un poteau
télégraphique de
la photo
ci-dessus).*

DANS LA VALLÉE DU COJEUL EN AVRIL 1917.
Les Allemands, avant leur repli, ont scié tous les arbres de cette vallée ombragée.

Au sud de la N. 39 s'étend la vallée du Cojeul où s'allongent les villages ruinés de Guémappe et Wancourt.

Les hauteurs qui, à l'est, dominent la vallée, puissamment organisées, arrêtèrent l'infanterie du général Allenby après sa progression rapide des 9 et 10 avril. Ce retard obligea même les Australiens de l'armée Gough qui,

DANS LA VALLÉE DU COJEUL EN MARS 1920.
La rivière transformée en marécage. — Les ruines de Wancourt.

DES HAUTEURS A L'EST DE WANCOURT.
Le cimetière de Wancourt, la vallée du Cojeul et les ruines du village.

enlevant brillamment, plus au sud, Bullecourt, avaient pénétré dans la ligne Hindenburg, à abandonner leur conquête.

Wancourt tombe le 12 avril, mais Guémappe résiste jusqu'au 23, où les Ecossais, se battant jusqu'à épuisement complet, l'arrachent aux Bavarois.

Abandonnée en mars 1918, cette vallée est reconquise le 26 septembre 1918, avant midi, par les Canadiens de Currie.

Continuer sur la N. 39. Jusqu'à Cambrai, le touriste va parcourir les champs de bataille où le corps canadien, pendant le mois de septembre 1918, se porta, par poussées successives, de la vallée de la Sensée aux faubourgs de Cambrai.

Traverser la vallée du Cojeul, **Vis-en-Artois,** *puis la vallée de la Sensée. On s'arrêtera au point culminant sur la route.*

VIS-EN-ARTOIS
EN MARS 1920.

La route descend vers la vallée de la Sensée.

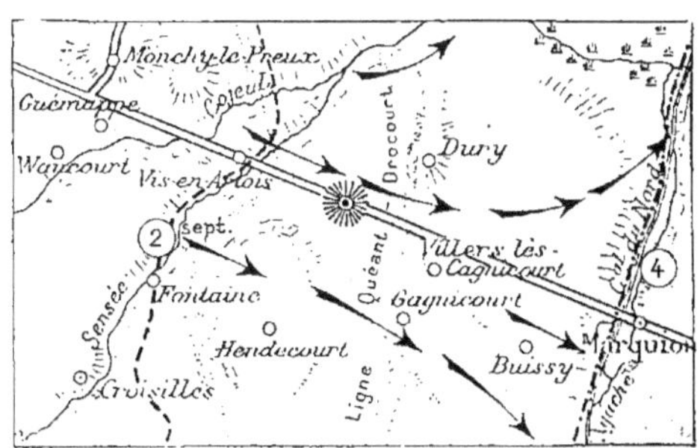

L'ATTAQUE CANADIENNE DU 2 SEPTEMBRE 1918.

De la Sensée à Cambrai.
Les offensives canadiennes de septembre 1918.

La position Drocourt-Quéant, en direction générale nord-sud, suivait à contre-pente la croupe qui s'allonge à quelques centaines de mètres à l'est. Une autre ligne la couvrait plus à l'ouest le long des hauteurs dominant le Côjeul (*Voir croquis ci-dessus*).

On a vu que le corps canadien parti à l'attaque, le 25 septembre 1918, après avoir enlevé Monchy-le-Preux, Guémappe, Wancourt, avait atteint la vallée de la Sensée dès le 27. Cette attaque n'était qu'une action préparatoire à l'assaut de la ligne Quéant-Drocourt, véritable objet de la bataille. Les Canadiens, dans la vallée de la Sensée, étaient à distance d'assaut de ce rameau de la ligne Hindenburg.

Le labyrinthe de tranchées, les blockhaus bétonnés, les nappes de fils barbelés, légitimaient la réputation défensive de ce fameux rameau. Un bombardement préliminaire de trois jours s'abat sur les organisations établies, la plupart, à contre-pente. Le corps canadien a en ligne ses 4e et 1re divisions, prolongées au nord par la 4e division britannique et le 22e corps qui doivent, face au nord, flancgarder la progression vers l'est.

L'offensive du 2 septembre.

L'idée générale de la manœuvre est de crever la ligne ennemie sur un front étroit, puis de se rabattre sur les flancs à la fois au nord et au sud et enfin, d'atteindre le canal du Nord.

Précédés d'un barrage d'artillerie très efficace et de nombreux tanks, les Canadiens partent à l'attaque, à l'aube du 2 septembre ; ils franchissent aisément les réseaux en partie détruits. Les défenseurs des lignes avancées ennemies, terrifiés par le bombardement et l'apparition des tanks, échappent au barrage roulant en courant au-devant des assaillants.

Mais bientôt la résistance s'accentue, tout le long de la ligne, des groupes de mitrailleurs résistent jusqu'au bout. La bataille est particulièrement âpre dans le bois et surtout dans le village de Dury qui, au nord, domine la route de Cambrai. Dans le lacis de tranchées établies sur la contre-pente de la crête, à l'est du village, des combats sanglants se déroulent ainsi qu'autour des fermes établies sur le bord de la route nationale. Le soir du 2 septembre, ces résistances sont vaincues. Les nombreux prisonniers capturés appartiennent à six divisions différentes dont les 1re, 2e et 3e divisions de réserve de la Garde qui devaient attaquer les Canadiens. Au sud de la route, la 63e division navale, traversant les rangs des Canadiens victorieux, aux abords de Gagnicourt, progresse vers l'est, atteint Buissy sans ses tanks

L'ÉGLISE DE MARQUION EN JUIN 1919.

et pousse si loin qu'elle ne peut plus être appuyée efficacement par l'artillerie. Enfin, le 3 septembre, les Canadiens atteignent les rives du canal dont tous les ponts sont détruits. La nouvelle ligne se fixe, sur un front de 25 kilomètres, le long du canal du Nord.

C'est une grande victoire qui rend mémorable, pour les Canadiens, la journée du 2 septembre 1918.

Continuer tout droit sur **Marquion**. *Après avoir traversé la voie ferrée d'Arras à Cambrai, on arrive devant le canal du Nord, ligne d'arrêt de l'offensive canadienne du 2 septembre.*

Traverser Marquion. 800 mètres au delà s'arrêter face au sud. La vue s'étend, à droite, sur le canal du Nord, à gauche, sur la plaine dominée par le bois de Bourlon, (Croquis ci-dessous).

L'offensive du 27 septembre.

Le 3 septembre, les Canadiens avaient atteint le canal du Nord ; le 27, ils en repartent en direction de Cambrai. L'offensive canadienne s'étend le 27 septembre de la route d'Arras-Cambrai à Mœuvres (7 kilomètres au sud de la route).

Le corps canadien, ayant en ligne les 1re et 4e divisions, doit franchir le canal du Nord et enlever le bois de Bourlon. Au nord de la route, les 22e et 8e corps britanniques flanquent cette attaque, et, par une vigoureuse démonstration, retiennent le plus de forces possible devant eux.

Au matin du 27, le canal du Nord est en partie asséché par la destruction des écluses. Les vagues d'assaut, sans même l'aide d'échelles, descendent dans le canal et remontent aussitôt les pentes opposées.

Elles ne rencontrent qu'une

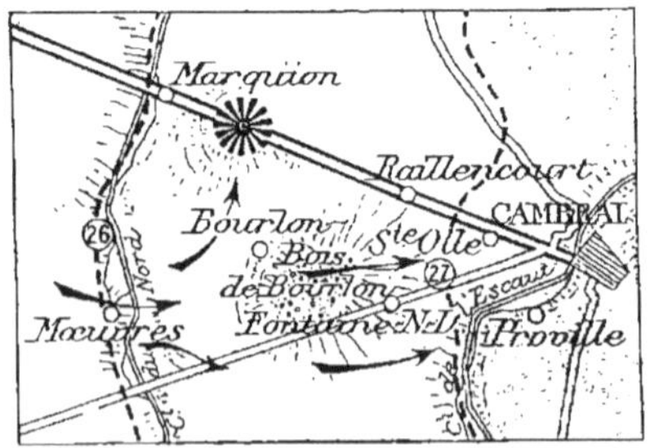

L'ATTAQUE CANADIENNE DU 27 SEP-
TEMBRE 1918.

faible résistance sur l'autre rive, résultat du barrage extrêmement dense qui écrase l'ennemi.

Les officiers allemands capturés affirmèrent « *que nul être vivant ne pouvait vivre sous les rafales de fer et de feu des Canadiens* ».

L'avance soudaine au sud de Marquion menace les défenseurs de la ville qui, débordés, se replient.

Le canal franchi, les Canadiens atteignent Bourlon et le bois, et, le lendemain, les abords de Cambrai.

Continuer sur la N. 39 vers Cambrai ; remarquer à droite de la route les lisières nord du bois Bourlon. Après avoir traversé **Rollencourt** *et* **Sainte-Olle,** *on découvre bientôt le panorama de* **Cambrai.**

La ville apparaît bâtie sur une pente inclinée de l'est vers l'Escaut. Une ceinture d'arbres indique les boulevards établis sur les anciens fossés des fortifications et çà et là des îlots de verdure marquent les squares et les jardins.

Trois clochers dominent la ville ; ce sont, de gauche à droite, le clocher de Saint-Géry, le beffroi ou tour Saint-Martin et la tour de la Cathédrale.

On entre dans **Cambrai** *par la rue d'Arras, après avoir passé l'Escaut et le canal.*

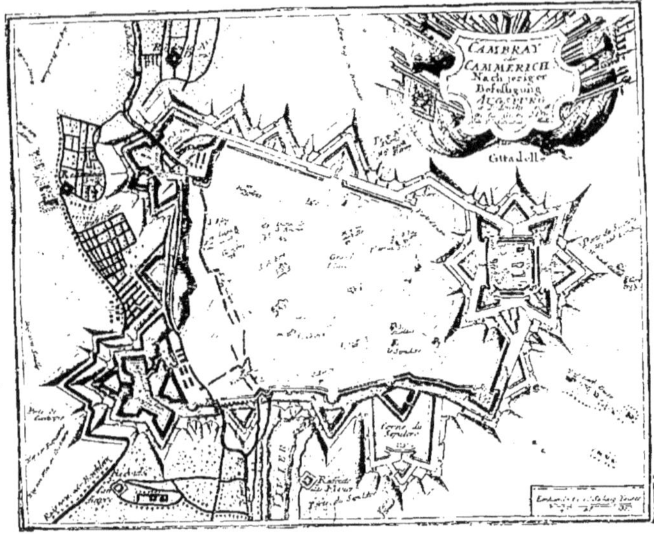

Le plan du vieux Cambrai sous la domination espagnole (XVIIe s.).
Remarquer la ceinture des fortifications et la citadelle.

CAMBRAI

Aperçu historique.

L'origine de Cambrai est des plus anciennes. De la date de sa fondation, du nom de son fondateur, aucun vestige n'est conservé. Maîtres des Gaules, les Romains lui donnèrent le nom de *Cameracum* (camera, chambre voûtée) sans doute à cause des nombreuses carrières et souterrains qui existent encore aujourd'hui sous la Grande Place et sous de nombreux immeubles.

Sur le chemin des grandes invasions, Cambrai tombe aux mains des Vandales, des Goths, puis des Francs conduits par Clodion (447). La petite province du Cambrésis est alors gouvernée par Ragnacaire, mis à mort par Clovis qui annexe Cambrai (509). Saint-Géry évangélise le pays, son œuvre de propagation du christianisme est continuée par Saint-Vaast. En 584, Frédégonde, née dans le Cambrésis, y donne le jour à Clotaire II.

Disputé entre les rois, les comtes de Flandre et les empereurs d'Allemagne, Cambrai soutient le siège des Normands en 881, des Hongrois en 963, se soulève pour son affranchissement en 956, guerroie contre les souverains qui la convoitent, défend ses libertés contre Louis XI, voit enfin sa neutralité établie en 1482.

En 1508, le roi de France, le Pape, le roi d'Espagne et l'empereur d'Autriche forment la fameuse ligue de Cambrai contre les Vénitiens.

En 1510, le comté est érigé en duché par l'empereur Maximilien d'Autriche. En 1529, Marguerite d'Autriche, tante de Charles-Quint, signe avec Louise de Savoie, mère de François Ier, la paix des Dames qui consacre la réconciliation des deux souverains.

En 1543, Cambrai passe sous le joug espagnol et Charles-Quint force les habitants à élever une citadelle à leurs frais.

A cette période, la ville offre le plus séduisant aspect ; fossés, remparts, citadelles, tours, plus de vingt clochers, la pyramide de la métropole haute de 100 mètres, une foule de clochetons, les pignons des monastères et des maisons, tout cela ramassé et brillant sous un ciel clair, incite un vieil auteur à comparer Cambrai à Jérusalem. Mais tant d'avantages et de richesses attirent bien des désirs.

Henri II en fait le siège en 1553; en 1581, le duc d'Anjou, délivre la cité de la domination espagnole. Cambrai tombe sous le joug du tyran d'Inchy, puis sous celui de Montluc, les Cambrésiens se soulèvent et rentrent à nouveau sous la domination espagnole.

En 1649, Cambrai est assiégé par le comte d'Harcourt ; huit ans plus tard par Turenne, enfin, après un siège de neuf jours, dirigé par Louis XIV en personne, la ville est prise le 5 avril 1677. Le traité de Nimègue l'incorpore au royaume de France; Vauban fortifie la ville, que Marlborough faillit prendre en 1711. Sous la royauté des Bourbons, l'aspect de Cambrai se modifie par la création de voies et la construction d'édifices.

Le siège archiépiscopal est alors illustré par Fénelon, précepteur du duc de Bourgogne, petit-fils de Louis XIV. Disgracié en 1697, Fénelon quitte la cour et réside à Cambrai. Résigné et charitable, il est d'une grande bonté pour les malheureux. Sous la Révolution, la ville résiste aux Autrichiens.

En 1811, Napoléon visite la ville. En 1815, Wellington est sous les murs de Cambrai. Puis les Anglais occupent la ville jusqu'en décembre 1818. C'est par cette cité que Louis XVIII fait son entrée en France, le 26 février 1815. En 1870, les Prussiens tentent de s'emparer de Cambrai. Quelques obus tombent. L'armistice délivre la ville.

Sous la 3e République, Cambrai est déclassé comme forteresse, les remparts sont rasés, une ville neuve s'ajoute à l'ancienne, des industries naissent, le commerce s'accroît. Cambrai est prospère.

C'était, avant la guerre, un centre industriel fort important. La fabrica-

Le vieux Cambrai (XVIIᵉ s.). — *Au 1ᵉʳ plan*, LA PORTE DU SÉPULCRE, AUJOURD'HUI PORTE DE PARIS *(voir page 75)* ; *à droite*, LA CITADELLE; *dans la ville*, LA TOUR DE SAINT-NICOLAS *(voir plan, page 57)*. Gravure Masson éditeur.

Le vieux Cambrai (xviie s.) : Maison de Ville sur la Grande Place.
La reconstruction de l'Hôtel de Ville actuel incendié et de la Grande Place est projetée suivant ce plan et ce style. (Gravure Masson, édit.)

tion de la batiste, fin tissu de lin très réputé, occupait plus de douze cents ouvriers. (Ce tissu aurait été, dit-on, inventé au xiiie siècle par un jeune artisan, Baptiste.) Des teintureries et blanchisseries, des fabriques de chicorée, d'huile de colza et d'œillette, des savonneries, des brasseries, des ateliers de construction étaient très prospères. Escaudœuvres, faubourg nord de la ville, possédait la plus grande sucrerie de France.

Situé au milieu d'un pays agricole extrêmement riche, pays de céréales et de betteraves à sucre, Cambrai était aussi un marché très important. Le canal, les nombreuses voies ferrées et routes desservaient un commerce actif. Des tonnes de marchandises de toutes sortes emplissaient ses docks le long des quais du canal.

La ville, une des plus riches de France, comptait le plus de millionnaires, proportionnellement au nombre d'habitants.

Les Allemands connaissaient cette prospérité et cette richesse, aussi se sont-ils appliqués à détruire et à piller systématiquement usines et magasins de Cambrai. Seul l'investissement rapide de la ville par les Canadiens l'a sauvée d'une destruction totale.

PENDANT L'OCCUPATION ALLEMANDE : HINDENBURG A LA GARE DE CAMBRAI.

Cambrai pendant la guerre.

Août 1914. — La Belgique est envahie, le flot lamentable des réfugiés déferle dans la ville. Après Mons et Charleroi, les armées alliées battent en retraite, poursuivies par l'ennemi. Des corps de von Klück descendent la vallée de l'Escaut (*voir p. 7*). Le 25 août, le canon se fait entendre. Le 26, la fusillade éclate dans les rues de la ville, les brigades de territoriaux français se replient au sud-ouest de Cambrai où les troupes allemandes entrent le soir.

De suite, le pillage minutieux vide magasins et caves. La Kommandantur placarde sur les murs proclamations, ordres de réquisition, annonces de contributions de guerre, menaces que sanctionne la déportation ou la mort.

Les confiscations se font journalières avec les vols de meubles, de lingerie et de vivres. Les objets de valeur, les tableaux de musée, les livres de la Bibliothèque, méthodiquement emballés, prennent le chemin de l'Allemagne.

Des réquisitions répétées enlèvent aux habitants vê-

PENDANT L'OCCUPATION :
UNE PARADE MILITAIRE SUR LA GRANDE PLACE.

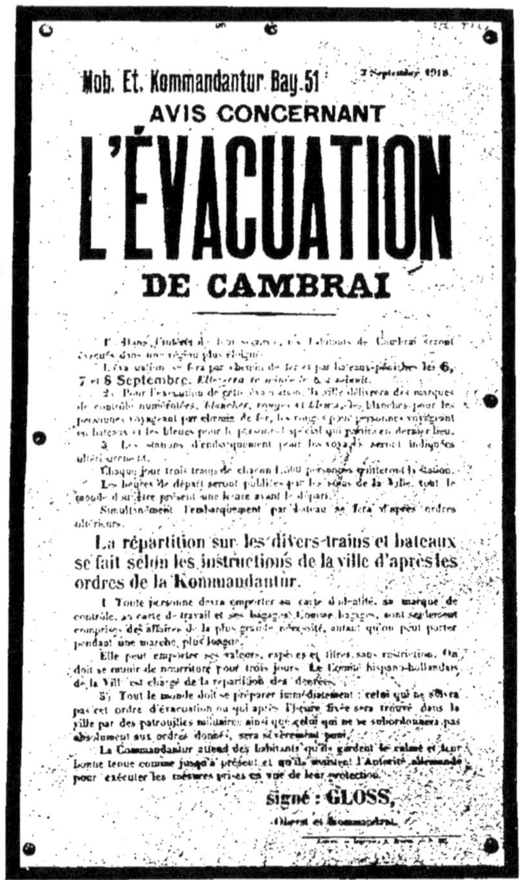

L'AFFICHE ALLEMANDE DE L'ÉVACUATION DE CAMBRAI AVANT SA DÉLIVRANCE
(SEPTEMBRE 1918).

tements, effets chauds et couvertures. Les pianos vont égayer les abris
d'officiers dans les tranchées, les vieux bahuts sculptés, les fauteuils, les
tapis vont en orner l'intérieur.

Or, billets de banque, métaux, personne n'en doit plus posséder. Gendarmes
et agents de la police secrète veillent.

La Municipalité, malgré les entraves de la Kommandantur, assure la
répartition du ravitaillement américain, crée pour les nécessiteux des four-
neaux économiques, des boulangeries ; la faim est un peu apaisée. Des
refuges sont installés pour les habitants des villages voisins, chassés par
l'ennemi. La Chambre de Commerce de la ville participe aussi au labeur de
la Municipalité.

Non content de soumettre la ville à la ruine matérielle, l'ennemi entre-
prend son œuvre de ruine morale. Officiers et soldats, que les Cambrésiens sont obligés de loger, forcent l'intimité de leurs hôtes, feignent de
s'intéresser à leur sort, à la France généreuse mais aveugle, qui s'immole

Sur la Grande Place pendant l'incendie de la ville.
Au fond, la cathédrale enveloppée de fumée.

CAMBRAI. — APRÈS L'INCENDIE DU CENTRE DE LA VILLE (10 OCTOBRE 1918).
Vue prise de la Grande Place du Bois vers l'Hôtel de Ville.

pour ses alliés. Ils traduisent leurs journaux, leurs communiqués, enflent leurs succès, tendent d'un air apitoyé la dernière *Gazette des Ardennes.*

Les défilés et les parades se succèdent sur la Grande Place. Les fêtes bruyantes célèbrent les « kolossales » victoires ou accueillent des hôtes

CAMBRAI. — APRÈS L'INCENDIE DU CENTRE DE LA VILLE (10 OCTOBRE 1918).
Côté est de la Place d'Armes.

Le général
Byng
commandant
la 3e Armée
britannique.

Le général
Horne,
commandant
la 1re Armée.

Les Britanniques dans Cambrai délivré (Octobre 1918).

APRÈS LA DÉLIVRANCE DE CAMBRAI :
CLEMENCEAU ET LE MARÉCHAL DOUGLAS HAIG A LEUR ARRIVÉE PRÈS DE LA
PORTE DE PARIS (OCTOBRE 1918).

« illustres » : le kronprinz de Bavière, le maréchal Hindenburg, l'Empereur
lui-même.

Les Cambrésiens gardent une résignation glacée. Il faut alors de toutes
façons écraser toute résistance morale. Il faut que chaque habitant ait la
sensation aiguë de la servitude. Tout civil doit laisser le trottoir aux officiers que l'on salue bas ; que le passant oublie, alors, sèches, tombent les
injures. La victime doit s'humilier, sans préjudice de l'amende que les gendarmes viendront percevoir le lendemain.

L'ennemi organise les fameuses colonnes de travail où sont incorporés
de force les malheureux qui, dès le petit jour, vont creuser des tranchées
et poser des fils de fer barbelés. Les hommes mobilisables partent pour
l'Allemagne, laissant femme et enfants. Un jour, sans motif, vingt-cinq
otages des deux sexes sont dirigés sur le camp d'Holtzminden. Le premier
adjoint, M. Ramette, qui faisait les fonctions de maire, sur le refus d'obéir
à un ordre inique est emmené en captivité où il meurt. L'archevêque s'élève
courageusement contre les sévices inhumains de l'ennemi.

Novembre 1917. — Les Britanniques se rapprochent de Cambrai. Les
bombes d'avions tombent sur la ville et sur la gare, blessant et tuant parfois
des habitants.

Les Cambrésiens acceptent ce nouveau sacrifice et font aux victimes de
nobles funérailles.

1918. — Cambrai voit les ultimes préparatifs des masses ennemies formidables qui vont se ruer sur la France Mais, d'un coup, la force allemande

est brisée. — **Septembre**. La canonnade s'approche. L'ennemi sent qu'il
ne pourra conserver la ville en son pouvoir. Il en décide l'évacuation par ses
habitants auxquels il laisse trois jours de répit. *(Voir affiche p.* 61).

C'est alors l'exode presque sans nourriture et sans vêtements vers Valenciennes et la Belgique.

Libres, les Allemands pillent en hâte ce qui reste de la ville, minent
certaines maisons et incendient tout le quartier du centre.

Les Canadiens, qui ont encerclé Cambrai à demi, voient, le 7 octobre, s'élever de la ville de noirs tourbillons de fumée. Quand les premières patrouilles
canadiennes y pénètrent le 9 par la porte de Paris, elles trouvent tout le
centre en flammes. De prompts secours arrêtent l'incendie qui menace de
s'étendre. Sur 3.500 immeubles, plus de 1.500 sont anéantis, 1.000 sont à
peine réparables.

En 1920, vingt mille Cambrésiens étaient revenus, décidés à relever leur
malheureuse ville.

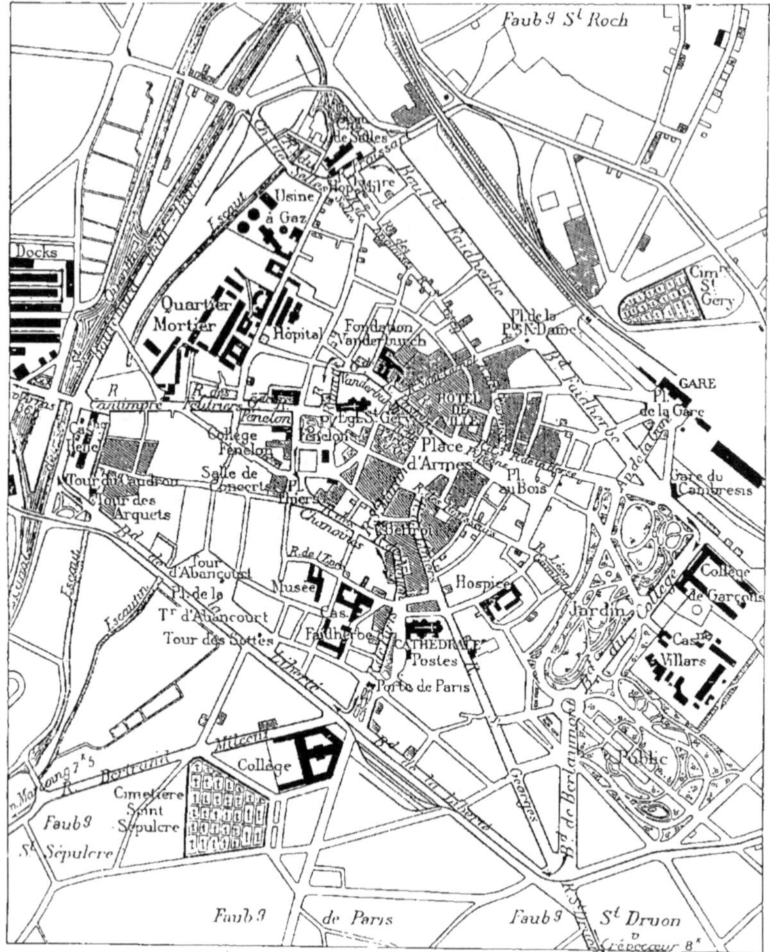

VISITE DE CAMBRAI

Partant de la place d'Armes, suivre l'itinéraire par la rue Pasteur, rue Vanderburch, rue Ramette (Eglise Saint-Géry), place Fénelon, place Thiers, rue des Chanoines (Beffroi), rue de Noyon (Cathédrale), rue de Paris (Porte de Paris), boulevard de la Liberté, boulevard Jean-Bart, rue du Château-de-Selles (Château de Selles), boulevard Faidherbe, boulevard du Collège, boulevard de Berlaymont ; revenir au centre de la ville par la Porte de Paris.

CAMBRAI. — LA GRANDE PLACE PENDANT L'OCCUPATION ALLEMANDE.

VISITE DE CAMBRAI

La place d'Armes.

La place d'Armes, une des plus vastes du Nord, est bordée d'un côté par les ruines grandioses de l'Hôtel de Ville.

C'était un édifice moderne à façade imposante dans le style classique. Le rez-de-chaussée, en soubassement, porte une sorte d'avant-corps à quatre colonnes corinthiennes couronnées par un fronton sculpté par Hiolle de Valenciennes. Sur le fronton, s'élevait un campanile flanqué de deux jacque-

CAMBRAI. — L'HOTEL DE VILLE TRANSFORMÉ EN « KOMMANDANTUR » PENDANT L'OCCUPATION, PUIS INCENDIÉ PAR LES ALLEMANDS.

La Grande Place en 1919, après avoir été incendiée par les Allemands
en Octobre 1918.

marts, Martin et Martine, les deux plus vieux citoyens de Cambrai, dont
l'histoire est légendaire. Habillés à l'orientale, ils frappaient les heures.

De l'escalier monumental, de la salle du Consistoire et du tribunal, du
cabinet du maire tout tendu de vieilles tapisseries de Cambrai, il ne reste
plus que des murs calcinés.

La façade tombe en ruines, on devra la raser pour reconstruire un nouvel édifice probablement analogue au vieil Hôtel de Ville si gracieux du
xvie siècle. (*Gravure, p. 59.*)

Tout autour de la place, les maisons de style espagnol, avec leurs pignons
et leurs volutes, ne sont plus que des murs effondrés et noircis.

Cambrai. — La rue des Trois Pigeons.
A droite : l'Hôtel de Ville ; *au fond :* l'église Saint-Géry.

L'ÉGLISE SAINT-GÉRY ET LA RUE DE
L'ARBRE D'OR AVANT *(cliché L.L.)*
ET APRÈS LA GUERRE.

*De la place d'Armes, prendre, à gauche de l'Hôtel de Ville, la rue Pasteur,
ruinée, puis la rue Vanderburch. Prendre à gauche la rue Ramette qui débouche
sur la place Fénelon où s'élève* **l'église Saint-Géry**.

L'église Saint-Géry, du XVIIIe siècle, ancienne collégiale Saint-Aubert,
au clocher de 76 mètres de haut, a un dôme au transept reposant sur quatre
colonnes très hardies.

Le toit de l'église s'est en partie effondré, mais à l'intérieur le merveilleux
jubé Renaissance est intact. En marbre polychrome, il est orné de huit
bas-reliefs et de statues en marbre blanc. Le chœur a des boiseries du
XVIIe siècle avec médaillons relatifs à divers saints. Parmi les grands tableaux
on remarque, dans le bras droit du transept, une *Mise au Tombeau* de Rubens.

En face de l'église, s'élève le portail de l'ancien archevêché dit « palais

LE JUBÉ RENAISSANCE DE L'ÉGLISE SAINT-GÉRY.

Fénelon ». C'est une belle porte Renaissance de 1620 avec ses trois arcades décorées d'ornements fleuris et appuyées sur quatre colonnes cannelées. A droite, se trouve un bel établissement moderne, asile de retraite. De l'autre côté, le collège de jeunes filles «collège Fénelon », aménagé luxueusement avant la guerre; il fut en 1917 la proie des flammes. Pendant une nuit d'été, les Allemands ont laissé flamber, en même temps, la salle des concerts (ancien hôpital Saint-Julien, avec ses boiseries artistiques du XVIIIe siècle) où ils avaient installé un cinéma.

De la place Fénelon (voir plan p. 67), gagner la place Thiers où se trouvait la salle des concerts, prendre à gauche la rue des Chanoines, puis la première rue à gauche jusque devant **le beffroi.**

Cette tour, haute de 61 mètres, est la seule partie

INTÉRIEUR DE L'ÉGLISE SAINT-GÉRY (1919).

conservée de l'ancienne église Saint-Martin. La partie inférieure date

LA PORTE FÉNELON.

de 1447. Le tympan de la porte d'entrée représente en bas-relief Saint-Martin partageant son manteau. La partie supérieure de la tour a été reconstruite au XVIIIe siècle. Au haut de la tour, au Moyen-Age, le guetteur veillait à la sécurité des habitants, sonnant la cloche pour les incendies et conviant la population aux fêtes en mettant la « Joyeuse » en branle.

LE BEFFROI (TOUR ST-MARTIN) VU DE LA GRANDE-PLACE, ET SA PORTE D'ENTRÉE.

MAISON ESPAGNOLE DU XVIe SIÈCLE, DANS LA RUE DE NOYON.

Prendre à droite la rue de Noyon, qui mène à la place Saint Sépulcre où se dresse **la Cathédrale.**

La Cathédrale Notre-Dame est l'ancienne église de l'abbaye de Saint-Sépulcre, incendiée en partie en 1859, puis réparée et agrandie dans le même style, de 1860 à 1870 par Baralle.

Elle mesure 80 mètres de longueur.

A gauche du portail, s'élève une élégante tour carrée moderne terminée par une couronne dorée que surmonte une statue de Notre-Dame-de-Grâce, patronne de Cambrai.

Cette tour atteinte par des obus et menaçant de s'effondrer a été étayée provisoirement.

Le vaisseau de la Cathédrale a, lui aussi, souffert du bombardement. Une partie du toit s'est affaissée. Heureusement, à l'intérieur, les œuvres artistiques ont été sauvegardées. Dans le bas côté, c'est le monument du cardinal Régnier, par Noël (1886) ; plus loin, dans le croisillon nord, c'est la célèbre image de Notre-Dame-de-Grâce, petit tableau byzantin apporté de Rome en 1440 que la tradition attribue à saint Luc. Cette vierge est le but d'un pèlerinage célèbre dans le Cambrésis.

Dans le transept, huit grandes grisailles d'après Rubens, du XVIIIe siècle ; dans une chapelle absidale, le monument de Fénelon élevé en 1826 par David d'Angers ; dans le bas côté gauche, la statue du cardinal Belmas, du même artiste, et les deux statues en marbre des cardinaux Giraud et Régnier.

LA CATHÉDRALE NOTRE-DAME
EN OCTOBRE 1918.

L'INTÉRIEUR
DE LA
CATHÉDRALE
EN
OCTOBRE 1918.
Un obus avait crevé la voûte du chœur.

Plan p. 67.

DANS LE QUARTIER DE LA CATHÉDRALE PENDANT L'INCENDIE.

Sortir de la Cathédrale. En face et émergeant au-dessus des maisons détruites, on remarque la somptueuse façade un peu ébréchée de la chapelle du grand séminaire, de style jésuite, avec son merveilleux bas-relief représentant l'Assomption de la Vierge.

A droite, commence la rue de l'Epée qui conduit au Musée de Cambrai. Dans ce musée où se trouvaient tous les souvenirs artistiques et historiques de Cambrai, il ne restait plus en 1919 que des salles vides. Les tableaux de

CAMBRAI. — LA RUE DE PARIS ET LA PLACE SAINT-SÉPULCRE.
AU FOND : LA PORTE DE PARIS.

FAÇADE DE
LA CHAPELLE
DU GRAND
SÉMINAIRE.

valeur, les Coypel, les Guerchin, les Luini, les Rigaud, les Saint-Aubert
avaient été déménagés par les Allemands.

De la place Saint-Sépulcre, descendre par la rue de Paris vers la
Porte de Paris, *tours rondes de* 1390. Ces tours dont le toit en poivrière
a disparu sont des restes de l'ancienne enceinte des fortifications de la ville.

LA PORTE DE PARIS ; *au fond :* LA CATHÉDRALE.

Plan p. 67.

CAMBRAI, RUE CARNOT :
UNE BELLE PORTE DU XVIIIe SIÈCLE,
détruite pendant l'incendie.

Prendre à droite le boulevard de la Liberté ; on remarquera la tour d'Abancourt, celle des Arquets qui laisse passer sous sa base un bras de l'Escaut (*Voir le plan p. 67*).

Arrivé auprès du canal de Saint-Quentin, prendre à droite le boulevard Jean-Bart qui longe le canal jusqu'à la rue de Douai.

Ce canal, avec ses ports et ses quais, était extrêmement animé avant la guerre, les Allemands ont coulé les nombreuses péniches et fait sauter les écluses ; les docks et entrepôts qui s'étendaient sur la rive gauche, en face des casernes du 1er régiment d'Infanterie et du 4e Cuirassiers, ont été systématiquement rasés par les Allemands.

Arrivé rue de Douai, prendre à droite la rue du Château-de-Selles, puis à gauche la rue Froissart.

Le château de Selles, construit en grès, est baigné par l'Es-

caut, cinq grosses tours sont reliées par des courtines aux remparts de la place. Ce château, où est installé l'hôpital militaire, contient encore des salles et des couloirs voûtés qui ont servi de prison.

De la rue Froissart, prendre à droite le boulevard Faidherbe, boulevard élevé sur l'emplacement des anciens fossés de la ville et bordé d'hôtels et maisons modernes. C'est le quartier riche de la ville.

500 mètres après le château de Selles, sur la droite, à l'alignement du boulevard, s'érige **la porte Notre-Dame** (1623) avec ses pierres taillées en pointes de diamant et ses colonnes cannelées.

Elle porte une longue inscription latine à la gloire du Roi Soleil dont l'emblème surmonte une statue de la Vierge.

Continuer tout droit le

CAMBRAI. — LA PORTE NOTRE-DAME.

boulevard Faidherbe ; on aperçoit à gauche, par l'une des rues qui y convergent, la gare principale de la ville, puis on passe à gauche devant la gare du Cambrésis ; à droite s'étendent l'esplanade de Cambrai et le grand jardin public, un des plus beaux du Nord avant la guerre par ses massifs de fleurs et la variété de ses plantations.

Des arbres ont été abattus çà et là, pelouses et parterres ont été labourés par les obus, des statues de bronze, chefs-d'œuvre d'artistes cambrésiens (Carlier et Reinte), ont été arrachées de leur socle et envoyées à la fonte par l'ennemi.

Seules, subsistent les statues de pierre de Baptiste et de Monstrelet, chroniqueur et prévôt de Cambrai.

150 *mètres au delà de la gare du Cambrésis, prendre à gauche le boulevard du Collège* bordé par le nouveau collège de garçons et la caserne Villars élevée sur l'emplacement de la citadelle de Charles-Quint et de Vauban dont il subsiste encore quelques murs et fossés.

Continuer par le boulevard de Berlaymont, atteindre le boulevard de la Liberté que l'on suivra à droite jusqu'à la porte de Paris.

Rentrer dans la ville par la rue de Paris ou, à la fourche de gauche, prendre la route de droite pour la visite du champ de bataille de Cambrai.

LA STATUE DE BAPTISTE, *sur l'Esplanade.*

LE CHAMP DE BATAILLE DE CAMBRAI

Pour suivre les opérations qui se sont déroulées au sud-ouest de Cambrai, en novembre 1917 (bataille des Tanks) et en septembre-octobre 1918 (rupture de la ligne Hindenburg et délivrance de Cambrai), l'itinéraire va mener le touriste sur les points dominants de la région : butte de Flesquières et bois Bourlon, d'où il suivra les péripéties de la lutte.

De Cambrai au canal du Nord, l'itinéraire traversera la région fortifiée de la ligne Hindenburg dans toute sa largeur.

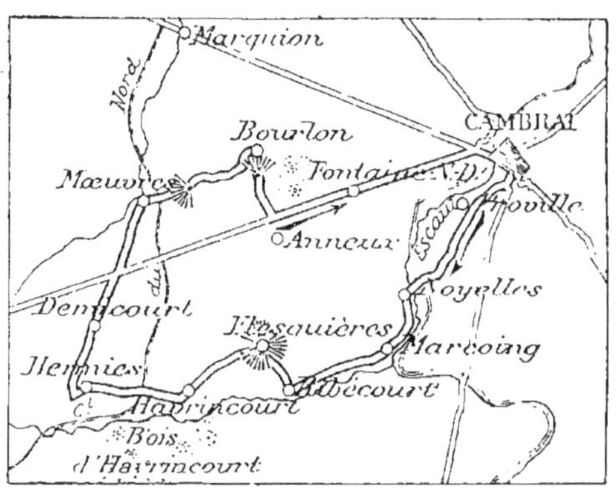

VISITE DU CHAMP DE BATAILLE DE CAMBRAI (37 KM.).

Sortant par le faubourg Saint-Sépulcre, on aperçoit à droite, à la sortie de la ville, le grand cimetière allemand de Cambrai. Après avoir laissé Proville sur la droite, la route domine toute la vallée de l'Escaut que l'on franchit avant d'arriver à Noyelles, puis, suivant à gauche la vallée, on pénètre dans **Marcoing**. *Traverser le village, suivre ensuite la voie ferrée jusqu'à* **Ribécourt**. *Dans ce village, prendre à droite la route qui monte sur* **Flesquières**.

Les Allemands avaient transformé tous ces villages, en pleine ligne Hindenburg, en de puissantes forteresses, en ayant soin de n'en point changer la physionomie générale. Les pâtés de maisons situés au carrefour des routes étaient devenus de véritables redoutes. Ces maisons avaient été revêtues intérieurement de blocs épais de béton, percés de créneaux. Les mitrailleuses qui y étaient abritées prenaient d'enfilade les rues du

MARCOING. — VUE GÉNÉRALE PRISE DE L'ÉGLISE (JUILLET 1919).

MARCOING. — LES RUINES DE L'ÉGLISE (JUILLET 1919).

village en croisant leurs feux avec ceux d'organisations analogues. Les caves étaient solidement étayées ; reliées entre elles par des tunnels voûtés, elles servaient à la fois de refuges à la garnison et de voies de communication bien abritées. De multiples réseaux de fils barbelés cernaient étroitement les villages, leur permettant ainsi de résister même complètement entourés.

On comprend quels obstacles ces villages de l'Escaut présentèrent aux assaillants britanniques.

RIBÉCOURT.
LES
RUINES
DE L'ÉGLISE.

Sur le mamelon de Flesquières.

Un kilomètre après Ribécourt, se détache sur la droite de la route de Fles-quières un chemin creux (Croquis ci-dessous). Au coin de ce chemin et de la route suivie, sur un tertre, à l'emplacement d'un ancien observatoire allemand détruit à la mine, on découvre un vaste panorama sur le champ de bataille de Cambrai. S'arrêter, la voiture peut descendre dans le village jusqu'au premier carrefour, où on la rejoindra, en passant, à pied, derrière le château.

Au nord, s'étendent, au premier plan, les ruines du village de Flesquières, avec, à droite, le parc ravagé du château. Plus loin, la plaine s'incline dou-cement vers une dépression, au fond de laquelle sont Graincourt, Anneux, Cantaing et, plus loin, sur la route de Cambrai à Bapaume, Fontaine-Notre-Dame (*croquis p.* 81). Au delà s'élève une crête couronnée par un bois, c'est le bois Bourlon dont on a déjà aperçu la lisière nord de la route Arras-Cambrai. A droite, s'étend, à l'horizon, Cambrai, dominé par ses trois clochers.

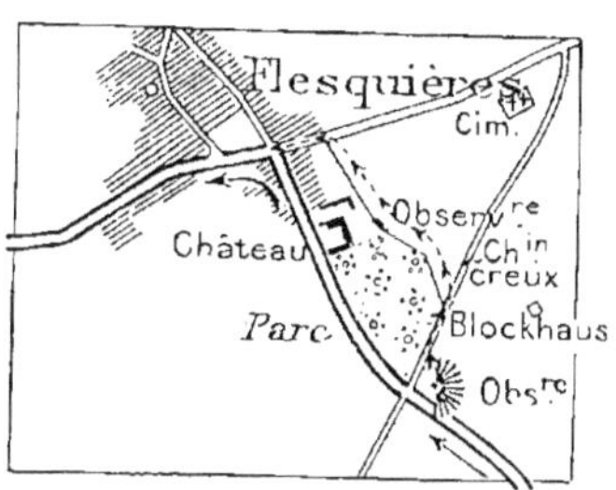

Se tourner vers la droite. A l'est, c'est la vallée de l'Escaut dans laquelle on distingue les toits rouges de Marcoing.

Au sud, au delà des ruines de Ribécourt, s'élève la crête de Villers-Plouich (*Welsh Ridge*); en arrière, la crête de Bonavis barre l'horizon.

Plus à droite, dans un fond, on aperçoit la masse sombre du bois d'Ha-vrincourt, les ruines du village s'allongent devant les lisières du bois.

De cet observatoire, le touriste suivra les différentes phases de la pre-mière bataille pour Cambrai (novembre-décembre 1917) et de la deuxième bataille qui délivra la ville en septembre-octobre 1918.

La première bataille de Cambrai.
(Novembre-Décembre 1917).

En se tournant face au bois d'Havrincourt, la vue embrasse la plus grande partie du front d'attaque dont les lisières est du bois occupaient le centre ; la gauche du front d'attaque est en partie masquée par les ruines de Flesquières, l'extrême-droite par les collines de Villers-Plouich.

La butte de Flesquières où l'on est, le bois Bourlon, le canal et l'Escaut au nord-est et à l'est de Marcoing, les hauteurs de Bonavis constituaient les principaux objectifs de l'attaque avec possibilité au besoin de capturer le centre important de Cambrai.

Secrètement, les troupes sont amenées pendant la nuit du 19 au 20 no-vembre. Au centre, elles se concentrent dans le couvert du bois d'Havrin-court ; en même temps, 200 tanks soigneusement camouflés approchent du front d'attaque. L'escadre est commandée par le général Elles.

, Le 20 novembre, à 6 h. 20, au lever du jour, dans une brume propice, l'escadre des tanks fonce sur les organisations de la ligne Hindenburg.

Les premiers tanks portent sur le devant d'énormes fascines lourdes de trois tonnes, serrées par des chaînes qu'ils jettent en travers des tran-chées et des boyaux. Opérant sur un terrain en partie vierge de trous d'obus, les tanks, au maximum de vitesse, écrasent les larges nappes de fils de fer barbelés. Derrière chaque tank, les minces colonnes d'infanterie s'avancent en silence, baïonnette au canon. En même temps, des obus fumigènes mas-quent l'attaque à la vue des observateurs ennemis. L'infanterie s'engage dans les passages pratiqués dans les réseaux. Pétrifiés de stupeur, les défenseurs se rendent par dizaines. Un char cueille dans Havrincourt un colonel, en pyjama, au seuil de son poste de commandement.

A droite de la 36e division irlandaise, formant charnière de l'attaque au nord, en face de Mœuvres, la 62e division des West Riding Yorkshire territorials enlève d'abord Havrincourt, malgré une résistance acharnée dans le château, puis à la baïonnette, les « Yorkshiremen » s'emparent de la ligne de soutien ; plus au nord, bien que Flesquières résiste, ils traversent Graincourt, aidés par deux tanks et atteignent les premières maisons d'Anneux : 37 canons, 2.000 prisonniers sont capturés.

Au centre, partant du bois d'Havrincourt. la 51e division des Highlanders territorials, après un brillant départ, se heurte à l'éperon de Flesquières puissamment organisé. La longue pente devant le village est balayée par les mitrailleuses. Les tanks qui la gravissent sont atteints successivement de plein fouet par des canons isolés. Un officier prussien, immortalisé par le communiqué britannique, se fit tuer sur sa pièce après avoir détruit 16 tanks. En mars 1920, il y avait encore de nombreux débris de chars aux abords du chemin creux.

Plus au sud, la 6e division s'élance sur Ribécourt et, après une lutte de maison en maison, en chasse les Allemands. Un bataillon de choc allemand charge alors le 2e Shenwood Forester. Les Allemands déploient un courage fanatique. Une de leurs compagnies est complètement cernée. « *Nous leur offrîmes la vie sauve, rapporte un officier britannique. ils refusèrent et se firent tuer.*

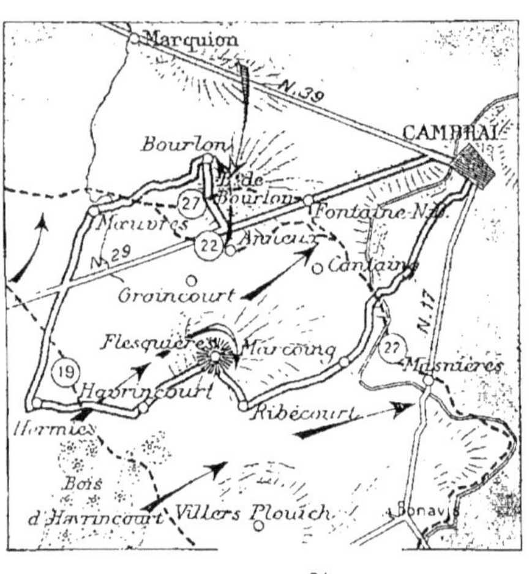

LA PREMIÈRE BATAILLE DE CAMBRAI (1917).

Le dernier survivant, un jeune sous-lieutenant, restait seul debout. Voyant que tout était fini, il prit son revolver et se suicida. Comme il tombait, je courus à lui (c'était un brave garçon). Quand je fus près de lui, il me regarda avec haine et essaya de me viser avec son arme. Celle-ci lui échappa des mains et il mourut avec le même regard de haine dans les yeux. » (CONAN DOYLE : *History of the War.*)

La 29e division régulière s'empare de Marcoing et, après une lutte sanglante, enlève Masnières.

Ces deux villages et surtout les ponts sur l'Escaut étaient d'une importance vitale. Celui de Marcoing est capturé presque intact, le tank de tête ayant abattu le groupe ennemi chargé de le détruire. Mais à Masnières, le pont avait été en partie détruit, le tank qui essaye de le traverser tombe avec le pont dans le canal. Cet incident grave compromet toute exploitation du succès par la cavalerie britannique. Une passerelle établie par les Terre-Neuviens permit à l'infanterie seule de progresser sans soutien au nord du canal. A l'heure critique, les Allemands purent s'accrocher à la dernière ligne devant Cambrai. L'ennemi fit alors sur ce point des efforts désespérés pour maîtriser toute avance et même pour rejeter les assaillants du sud du canal. Malgré toute une série d'assauts menés le lendemain par la Garde prussienne accourue de Lens, les Britanniques gardèrent les villages et les têtes de ponts.

Enfin, au sud, à la droite de l'attaque, les 20e et 12e divisions franchissant les collines de Villers-Plouich (Welsh-Ridge) atteignent aussi le canal et les hauteurs de Bonavis.

Les West Ridings de la 62e division, après avoir dépassé Anneux et la route de Bapaume-Cambrai, gravissent les pentes de la colline de Bourlon et atteignent les lisières du bois. Malgré les tanks qui s'avancent à travers les fourrés et les taillis, les nombreuses mitrailleuses de la défense tiennent les assaillants en échec.

Flesquières qui avait résisté jusque-là est attaqué par ses lisières nord, dépassé de toutes parts, le village tombe. Les Ecossais enlèvent Cantaing et Fontaine-Notre-Dame. La cavalerie, sabre au clair, charge les batteries ennemies, atteint Proville, à 3 kilomètres de Cambrai. La ligne allemande est profondément enfoncée sur un front de 10 kilomètres et une profondeur de 7 kilomètres. 11.500 prisonniers, 136 canons, 200 mitrailleuses sont capturés. L'enthousiasme est grand à Londres.

Du 23 au 27 novembre, une lutte acharnée se livre autour de Bourlon et du bois pris et repris plusieurs fois. On en lira les péripéties, *page 90.*

La contre-offensive allemande (30 novembre-6 décembre).

Les jours suivants, von der Marwitz rassemble ses troupes sur les deux flancs de la poche créée. Le 30 novembre, les Allemands attaquent vigoureusement, d'abord les hauteurs de Bonavis et de Gonnelieu, puis le front Mœuvres, le bois Bourlon. (*Voir croquis p.* 81.)

L'ennemi réussit à pénétrer au sud dans les positions britanniques et échoue au nord. Les Britanniques, en flèche aux abords de Marcoing, ramènent leur front devant Ribécourt et la butte de Flesquières. Cette opération sera présentée sur les lieux mêmes.

La deuxième bataille de Cambrai.
(Septembre-Octobre 1918.)

Sous le choc des armées allemandes qui, en mars 1918, plus au sud, avaient enfoncé le front de l'armée Gough, les Britanniques de l'armée Byng, se repliant lentement vers l'ouest, au sud-est d'Arras, abandonnèrent les positions de Flesquières. Le 26 septembre suivant, l'armée Byng est à peu près revenue dans les lignes occupées avant la bataille de Cambrai en novembre 1917. Dès le 12, la 62e division britannique a même enlevé Havrincourt.

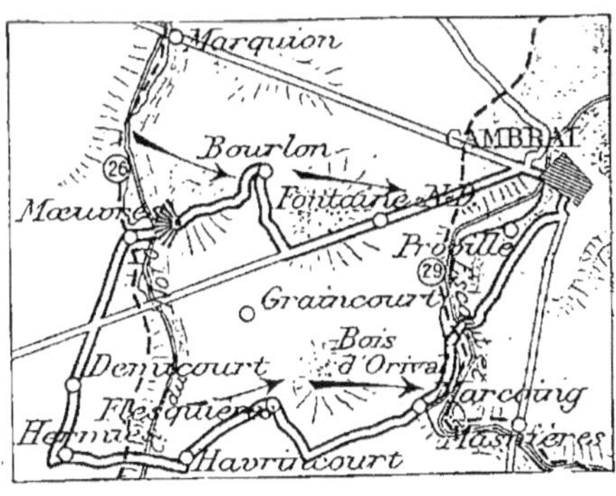

LA DEUXIÈME BATAILLE DE CAMBRAI (1918).

Le 26 septembre, le 6e corps, Haldane, de l'armée Byng, en liaison au nord avec le corps canadien (Currie) de l'armée Horne, borde le canal du Nord. C'est de cette ligne que ces deux corps s'élancèrent, le 27 septembre, à l'assaut des redoutables positions de la ligne Hindenburg couvrant Cambrai ; la 3e division (la division de fer), flanquée au nord par les «Guards», attaque en direction de Flesquières et de Marcoing, pendant que les Canadiens (*voir page* 54) fon

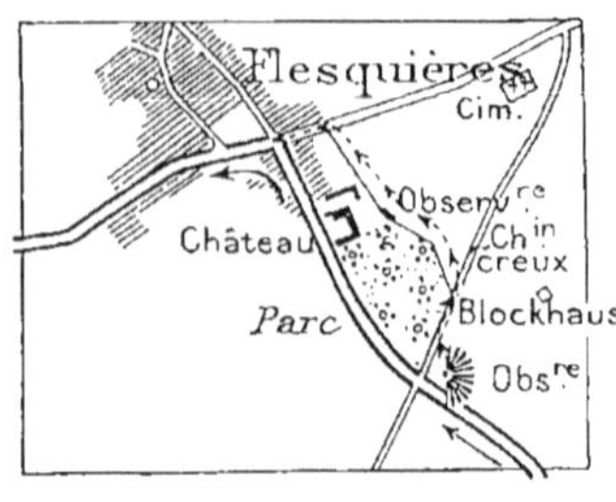

cent sur le bois Bourlon. Dépassant les premières lignes, les hommes de la division de fer enlèvent Flesquières dans une « splendid form ». L'après-midi, Ribécourt tombe avec 1.000 prisonniers. Plus au nord, les « Guards » traversent le canal, passent aux lisières nord de Flesquières, prennent le bois d'Orival et même atteignent les positions immédiatement à l'ouest de Marcoing, après avoir progressé de près de 8 kilomètres.

Les pertes assez lourdes qu'ils subissent sont dues à la résistance, sur leur flanc, de Graincourt, qui ne fut enlevé que le soir, par la 57e division du 17e corps.

Le lendemain, la 62e et la 2e division, dépassant les vainqueurs de la veille, s'emparent de Marcoing et bordent le canal de l'Escaut, sur lequel ils

A L'EST DE FLESQUIÈRES, PRÈS DU CALVAIRE. — LE CIMETIÈRE MILITAIRE.
A l'horizon : LE BOIS DE BOURLON.

trouvent plusieurs ponts encore intacts. L'ennemi se replie sur ses fortes positions de l'autre rive et une nouvelle préparation est nécessaire pour l'en déloger et pour investir Cambrai par le sud.

En suivant à pied le chemin creux qui borde le parc du château de Flesquières, on peut voir sur la face est du parc, appliqué contre le mur, un OBSERVATOIRE BRITANNIQUE *dont les vues plongent sur les pentes nord et est de la butte de Flesquières.*

En continuant, à gauche, à suivre le mur du parc, on arrive au centre du village. A la croisée des chemins, reprendre la voiture, tourner aussitôt à gauche vers la sortie ouest du village (Croquis ci-dessus).

Après avoir franchi la voie ferrée, descendre sur **Havrincourt.** *Dans ce village, au coude de la route, continuer à droite. On passe devant l'entrée du château autour duquel les combats furent si farouches en novembre 1917 (Photos, p. 84 et 85) ; tourner franchement à gauche, le long*

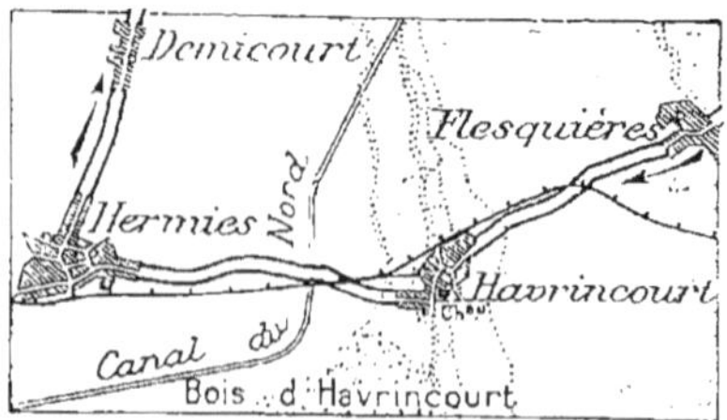

LE CHATEAU D'HAVRINCOURT AVANT LA GUERRE.
*Il fut, durant l'occupation allemande, le poste de commandement de différents corps
de la 11ᵉ Armée allemande. Le Kaiser y fut reçu.*

LE CHATEAU D'HAVRINCOURT EN 1919.
*En mars 1917, la première ligne allemande fut portée à la lisière ouest du parc, à
quelques centaines de mètres du château.
On retrouve au premier plan une partie de la grille de la cour.*

L'ENTRÉE DU CHATEAU D'HAVRINCOURT EN NOVEMBRE 1918.

du mur du parc ; 200 mètres plus loin, prendre la première route à droite,
vers **Hermies***; la route domine les lisières nord des bois d'Havrincourt, ligne*
de départ des Britanniques dans la bataille de Cambrai, en novembre 1917.

L'ALLÉE PRINCIPALE DU PARC. — *Au fond :* LE CHATEAU.

LE PROFOND FOSSÉ DU CANAL DU NORD.
Pont rétabli sur la route Hermies-Havrincourt.

Après la voie ferrée, la route franchit le canal qui passe à cet endroit dans un profond remblai.

Continuer vers **Hermies,** *premier village dans les lignes britanniques avant l'attaque sur Cambrai de novembre* 1917. *Au carrefour central, prendre à droite, passer devant l'église ruinée, tourner encore à droite vers* **Demicourt** *et* **Mœuvres.**

D'Hermies à Mœuvres, la route va traverser en diagonale les positions britanniques et allemandes d'avril 1917 à novembre 1917. (*Croquis ci-dessous.*)

Traverser **Mœuvres** ; *au carrefour où était l'église marquée par un tumulus blanc, tourner à droite vers le canal et* **Bourlon.**

Traverser le canal et s'arrêter un kilomètre environ au delà sur la route de Bourlon, face à Mœuvres. On découvre, de là, la ligne de départ des Canadiens et du 17e corps (Fergusson) au cours de l'offensive du 27 septembre

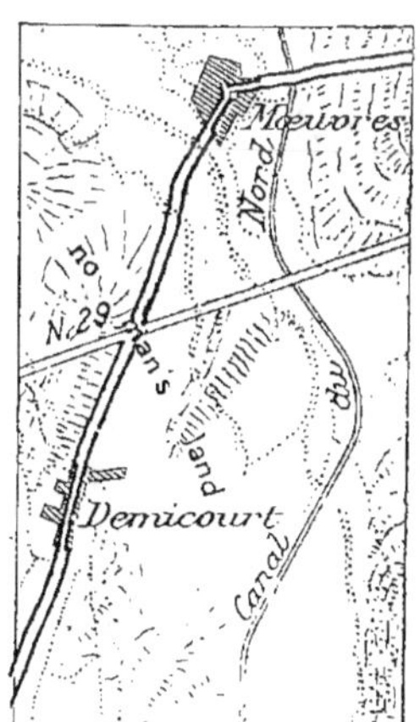

1918, contre la ligne Hindenburg. Avec raison, le maréchal Haig faisait dépendre le succès de l'attaque du 27 à l'aile nord, de la possibilité, pour les troupes, de déboucher dans la région de Mœuvres et de s'emparer des passages du canal existant dans cette région ; le canal était, plus au nord, un obstacle trop formidable pour être traversé en présence de l'ennemi.

« *Les divisions d'attaque se frayent alors un passage sur un front relativement étroit et font tomber ensuite la ligne du canal plus au nord par une attaque divergente s'ouvrant en éventail après le franchissement. Cette manœuvre difficile fut heureusement exécutée sur tout le front d'attaque, l'infanterie appuyée par 65 tanks environ fit une irruption profonde dans la position ennemie.* » (DOUGLAS HAIG.) Se fiant à la formidable ligne de mitrailleuses et de canons de campagne qui interdisaient l'accès et même l'abord du canal, l'en-

LES RUINES DE MŒUVRES. — *Au fond, à droite, le tumulus blanc marque l'église.*

nemi est de toutes parts débordé. Tandis que la garde anglaise, comme on l'a vu, fonce sur Flesquières et Marcoing et la 52ᵉ division sur Graincourt, au sud de la grande route que l'on aperçoit à gauche à l'horizon, les Canadiens se portent tout droit sur Bourlon et le fameux bois.

Aussitôt les sapeurs du génie, sous un feu d'enfer, jettent ponts et passerelles. « *On a dit que, précipitant dans le canal de vieux tanks massifs, les soldats britanniques purent ainsi faire passer la ligne d'eau par des tanks légers sur les cadavres de ces vieux serviteurs.* » (MADELIN : *La bataille de France.*)

Dans la journée du 27, des rives ouest du canal, les Britanniques se portent sur les rives ouest de l'Escaut et aux abords de Cambrai, enlevant 200 canons, 10.000 prisonniers et délivrant dix villages.

DEVANT MŒUVRES. — LE CANAL DU NORD ET LA ROUTE MŒUVRES-BOURLON.

PANORAMA DE BOURLON, PRIS DES
Au premier plan, l'allée

BOURLON ET LE BOIS BOURLON

Continuer la route vers **Bourlon**. *En mars 1920, on voyait encore sur la droite, se profilant sur la ligne de crête, des blockhaus cubiques allemands.*

*On aperçoit bientôt les lisières ouest du bois Bourlon et, dans une dépression, les ruines du village. Descendre dans le village, on passe devant le château duquel part une large allée qui monte dans le bois. Continuer jusqu'à la place de l'église, la laisser à droite et suivre l'itinéraire ci-contre dans les ruines du village ; revenir à l'église, puis devant le château ; cent mètres plus loin, à la fourche, prendre à gauche la route d'*Anneux *qui monte vers la lisière ouest du bois. S'arrêter au point dominant d'où la vue embrasse les ruines du village, et au delà, la plaine qui s'étend entre le village et la route Arras-Cambrai.*

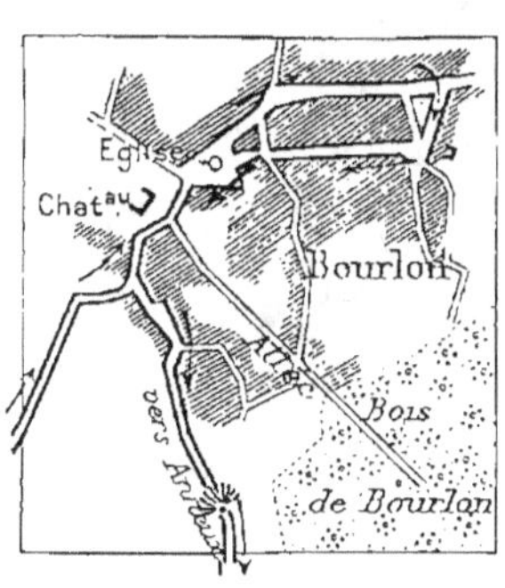

On aperçoit, au nord-ouest, Marquion, la ligne du canal disparaît entre des arbres à gauche ; à droite, les lisières du bois, où on distingue, à 100 mètres à peine, deux blockhaus à larges créneaux ; tout près, à gauche, au bord de la route, un abri bétonné à munitions.

Le 23 novembre 1917, les Britanniques qui ont remporté les premières positions de la ligne Hindenburg sont dans Anneux, au pied des pentes sud de la colline du bois Bourlon.

ʀᴇs ɴᴏʀᴅ ᴅᴜ ʙᴏɪs ᴅᴇ Bᴏᴜʀʟᴏɴ.
ipale qui conduit au château.

L'attaque du bois et du village est confiée à la 40ᵉ division ; le bois épais, à peine touché par les obus, est un obstacle terrible, flanqué au nord-ouest par le village invisible pour les assaillants.

Lᴇ ᴄʜᴀᴛᴇᴀᴜ ᴅᴇ Bᴏᴜʀʟᴏɴ, ᴠᴜ ᴅᴇs ʀᴜɪɴᴇs ᴅᴜ ᴠɪʟʟᴀɢᴇ

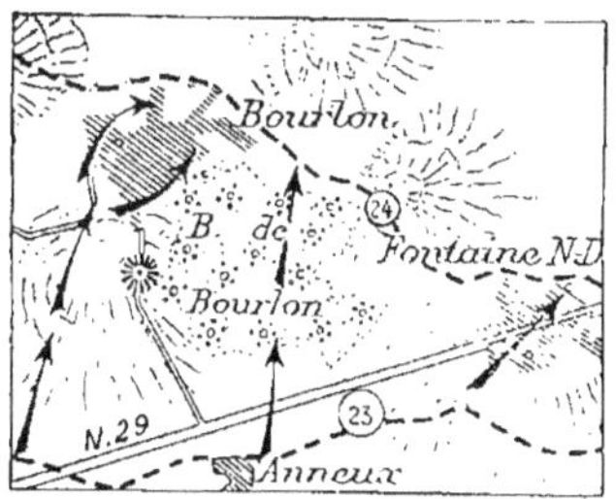

Conquête de Bourlon et du bois
(24° novembre).

La conquête du village et du bois.
(23 et 24 novembre 1917.)

Tandis que la 121e brigade s'élance à gauche vers le village, la 119e plonge résolument dans le bois, précédée d'une trentaine de tanks. Partie à 10 h. 30 du matin, la 119e brigade, entraînée aux combats sous bois, parvient à la lisière nord sans grandes pertes, capturant nombre de mitrailleuses et de défenseurs. La position atteinte est tenue malgré de sérieuses contre-attaques.

A gauche, la 121e brigade (20e Middlesex et 13e Yorkshires) occupe la lisière sud du village. Le 9e Grenadiers prussien contre-attaque en vain. Pendant la nuit du 23 au 24, la ligne est renforcée pour enlever le village en entier par le 12e Suffolks, le 14e Highlanders, le 19e Hussards.

A midi, le 24, Bourlon en entier est aux mains des assaillants.

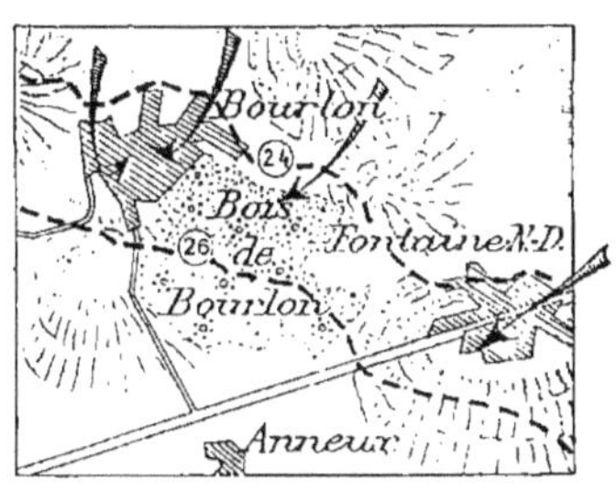

Contre-attaque allemande
(24-26 novembre).

24 au soir : La contre-attaque allemande reprend Bourlon.

Anxieux, les Allemands contre-attaquent avec furie dans l'après-midi. Des combats se déroulent de maison en maison au cours desquels les Suffolks se trouvent cernés au sud du village, tandis que les Highlanders, victimes de leur impétuosité, le sont au nord-est.

Dans la nuit, deux bataillons de réserve et un détachement de cavaliers pied à terre sont jetés dans la lutte.

Avec ces troupes, le général commandant la brigade s'efforce, le 25 novembre, de traverser le village tombé presque en entier aux mains des Allemands, mais les tanks attendus pour l'attaque n'arrivent pas, l'infanterie reste impuissante.

Jusqu'au 26, on peut envoyer encore des vivres aux survivants des compagnies isolées qui, depuis deux jours, résistent héroïquement.

Pendant ce temps, la 119e brigade, dans le bois, repousse de furieuses contre-attaques sur son flanc droit. Les « Guards » relèvent les Highlanders. La position des Britanniques devient délicate, les Allemands ont repris Fontaine-Notre-Dame.

27 novembre : Le bois et le village sont repris et en partie reperdus.

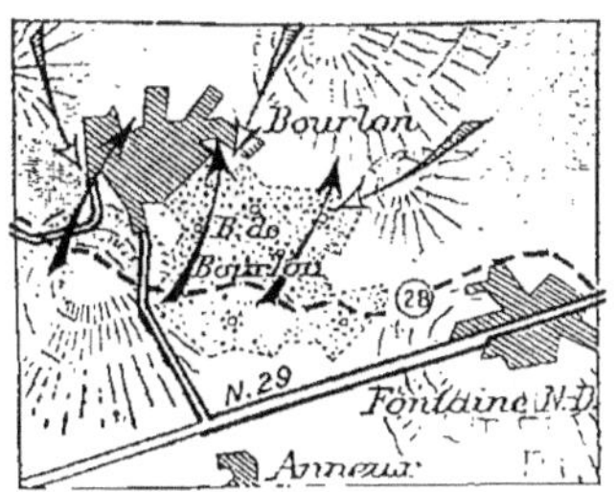

Attaques et contre-attaques adverses
(27 novembre).

Le 27 novembre, après une nuit de neige et de tempête, les « Guards » et la 62e division attaquent de Bourlon à Fontaine. La 187e brigade arrive jusqu'au centre du village, la 186e traverse le bois, mais, découverte sur ses flancs et ayant

subi de lourdes pertes, elle est obligée d'a-
bandonner une partie du terrain conquis.
Un nouvel assaut est lancé contre le même
objectif. Le village est atteint et nettoyé.

Mais les vainqueurs sont peu nombreux
pour tenir le large front de leur conquête.
Vers midi, les Allemands, se glissant par
les nombreuses brèches de la défense,
menacent de cerner les éléments britanniques. La ligne britannique est reportée
sur les hauteurs au sud du village. Pendant
ce temps, les Yorkshiremen de la 62ᵉ division et les Gardes irlandais traversent le

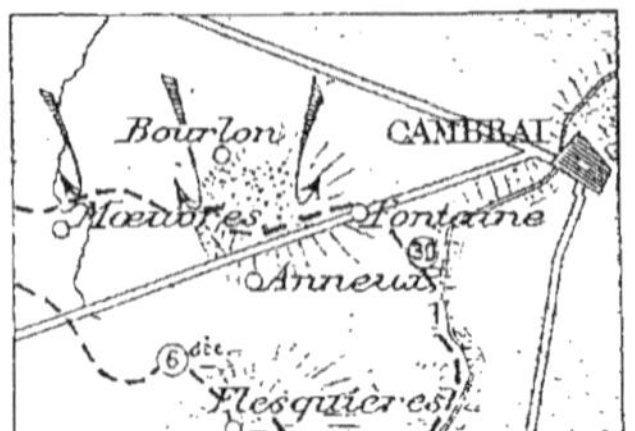

*Contre-offensive allemande du
30 novembre 1917.*

bois de Bourlon, triomphant de la résistance désespérée de la Garde prussienne ;
un grand nombre de prisonniers sont capturés, mais beaucoup s'échappent au
cours de la lutte confuse qui se livre dans les broussailles. Une fois de plus,
devant les puissantes contre-attaques ennemies, le village et l'extrémité
nord du bois un instant conquis sont évacués de nouveau.

La contre-offensive allemande du 30 novembre.

Cependant les Britanniques occupent encore une forte position sur la
colline et dans le bois.

Leurs observatoires dominent les organisations ennemies qui, vers le
nord-ouest, courent vers Quéant. Danger pressant que l'ennemi veut écarter.

Le 30 novembre, au cours de la contre-offensive exécutée par l'armée
von Marwitz sur les deux flancs du saillant britannique, les masses allemandes, se ruent sur la face nord de Mœuvres au bois Bourlon.

Les assaillants submergent les postes avancés, mais sont décimés. Assauts
sur assauts sont repoussés. Mais au sud, les Allemands ayant progressé, la
ligne britannique, par ordre, est reportée du bois Bourlon aux lisières nord
de Flesquières. Dix mois plus tard (27 septembre 1918), Bourlon et le bois
seront entièrement reconquis d'un seul élan par les Canadiens.

*Continuer la route sur Anneux ; avant d'arriver à ce village, prendre à
gauche la route de* **Cambrai** *(N. 29).*

SUR LA N. 29 — LE CIMETIÈRE BRITANNIQUE D'ANNEUX.

De CAMBRAI a SAINT-QUENTIN

De la place d'Armes de **Cambrai** *prendre la rue des Linières puis la rue Saint-Georges ; sortir de la ville par le faubourg Saint-Druon ; après le passage de la voie ferrée, laisser à droite la route sur Rumilly. 200 mètres après la fourche, prendre à droite la route sur* **Crèvecœur.** Cette route traverse les vastes plaines ondulées où se déploya jusqu'au Cateau le corps d'armée britannique Smith Dorrien après sa retraite de Belgique (*Voir page 7*).

L'arrivée opportune des divisions de cavalerie française du corps Sordet contribua largement au dégagement des forces britanniques menacées par la tentative d'encerclement de l'armée von Klück. Les 1re et 2e divisions de cavalerie passèrent l'Escaut de Marcoing à Crèvecœur et attaquèrent le flanc des colonnes ennemies en marche sur Forenville et Séranvillers.

La route descend vers la vallée de l'Escaut. C'est sur les hauteurs nord, d'où l'on descend, que les Allemands résistèrent âprement au cours des deux offensives britanniques sur Cambrai.

Traverser tout droit Crèvecœur jusqu'au canal.

Au Moyen-Age, la ville de Crèvecœur avait son château fort, ses remparts, son hôpital.

Le château devint le repaire de pillards. Il subit alors bien des assauts et la ville souffrit des incendies et des meurtres.

Charles-Quint fit démolir les remparts du château, les matériaux servirent à édifier la citadelle de Cambrai.

Sur la croupe qui domine la rive gauche de l'Escaut se dressent les ruines du château de Revillon, aux vastes souterrains.

Arrivé au bord du canal, le suivre à gauche, puis le traverser pour prendre, cent mètres plus loin, à gauche, la route qui entre dans **Les Rues des Vignes;** ce village tire son nom des coteaux plantés de vignes du temps des moines.

Continuer à suivre la vallée de l'Escaut jusqu'au **Pavé,** *fourche des routes nationales de Cambrai à Péronne et de Cambrai à Saint-Quentin. A cent mètres à gauche, se trouvent les ruines de la* FERME BONAVIS.

De ce point dominant, on découvre toute la droite du champ de bataille de

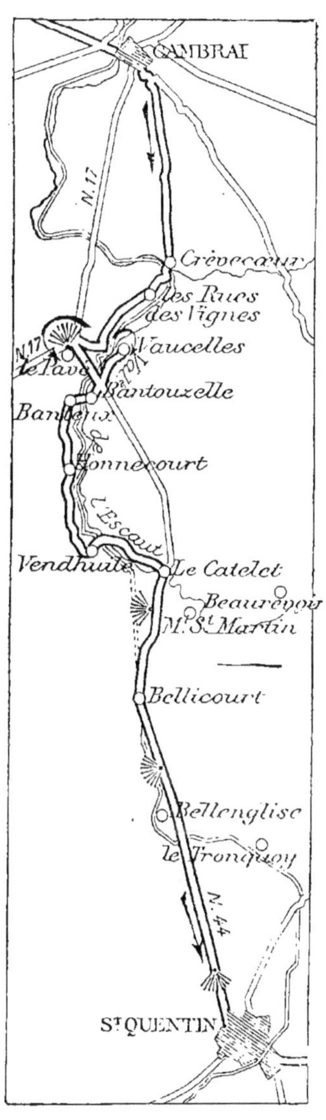

ITINÉRAIRE DE CAMBRAI
A SAINT-QUENTIN.
46 *kilomètres.*

Cambrai dont on a vu le centre à Flesquières et la gauche à Bourlon. A la jumelle, on distingue, au nord-ouest, la lisière du bois de Bourlon, à gauche, plus près, celle du bois d'Havrincourt, enfin, à droite, Cambrai et ses clochers ; au second plan, les hauteurs de Villers-Plouich et de la Vacquerie.

En octobre 1914, pendant la « course à la mer », au cours d'une incursion de la cavalerie française sur Cambrai, un peloton du 5e groupe cycliste, en embuscade aux abords de la fourche, détruisit un convoi automobile allemand ; on voyait encore, en 1919, les débris carbonisés des camions.

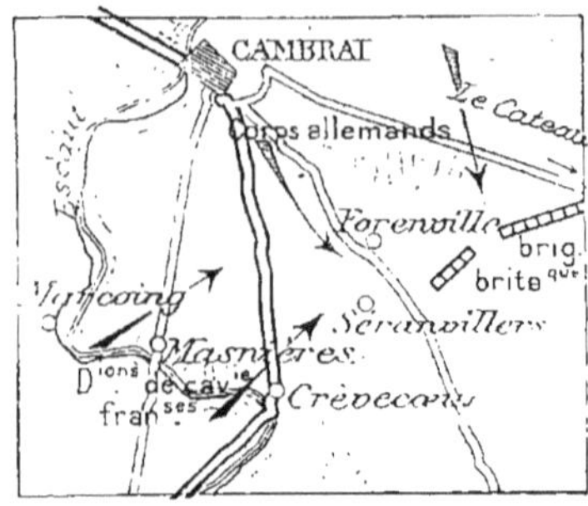

Au sud de Cambrai : La bataille du Cateau à l'aile gauche britannique (25 août 1914).

En décembre 1917, le Pavé fut au centre de la contre-offensive que menèrent les Allemands sur le bord sud du saillant britannique dont les lignes avancées suivaient la vallée de l'Escaut.

Attaqués vigoureusement, les Britanniques se replièrent des bords de l'Escaut aux pentes nord des hauteurs de la Vacquerie.

*Prendre la route N. 44 qui descend vers le canal, franchir celui-ci 500 mètres après le pont, prendre à gauche la route sur **Vaucelles** arrivée devant l'abbaye, la voiture fera demi-tour.*

L'abbaye de Vaucelles.

ABBAYE DE VAUCELLES.
L'ENTRÉE DU BATIMENT CLAUSTRAL.

Fondée en 1131 par Hugues d'Oisi, seigneur de Cambrai, l'abbaye est élevée par saint Bernard qui, parti de Citeaux (Côte-d'Or), arrive avec douze religieux, à la tête desquels l'Anglais Raoul. Cette poignée de religieux défriche la région qui prospère, le monastère s'agrandit et compte bientôt des centaines de moines cisterciens.

Une église, véritable cathédrale de 144 mètres de long, s'élève : Villard de Honnecourt qui a élevé la cathédrale et l'abside de la Collégiale de Saint-Quentin, en est l'architecte. Vaucelles atteint son apogée vers le milieu du XIIIᵉ siècle. Sous la direction d'un seul abbé, prient et travaillent jusqu'à sept cents moines. Outre les bâtiments monastiques : église, cloître, réfectoire, chapitre, dans plusieurs enceintes sont encore enfermés une hôtellerie, un hospice, des moulins, des fermes et granges, des étangs poissonneux. Avant de se rendre à Cambrai pour y signer la paix, Louise de Savoie, mère de Francois Iᵉʳ, y demeure. Les abbés de Vaucelles deviennent puissants. Membres des Etats du Cambrésis, ils en président souvent les séances.

Mais la richesse (au XVIᵉ siècle, l'abbé devenu grand seigneur se rend à Cambrai en carrosse à quatre chevaux), le relâchement d'une autorité médiocre amènent la décadence de l'abbaye. La Révolution la supprime et une partie des bâtiments sont démolis.

A l'abandon, elle abrite tour à tour une fabrique et une ferme.

Peu de temps avant la guerre, cette vieille abbaye fut dégagée avec goût par son propriétaire actuel.

Les Allemands y cantonnèrent durant la guerre, se servant de la salle capitulaire comme d'une écurie et engrangeant leurs récoltes dans les immenses greniers du premier étage. Un incendie détruisit alors tout le toit des bâtiments restants, la pluie et le gel désagrègent maintenant les voûtes. De l'abbaye de Vaucelles on peut encore visiter : le bâtiment du XIᵉ siècle; dans le parc, quelques restes de l'église et enfin, à l'extérieur, les ruines du palais abbatial du XVIIIᵉ siècle.

Entrer par la porte à gauche de la loge du concierge de l'abbaye, bâtiment neuf ; s'y adresser pour la visite.

A gauche de la cour où s'étendait autrefois le grand cloître, s'élève encore le bâtiment claustral comprenant la salle des convers, le parloir des moines, la salle capitulaire, le passage sacré. Ce bâtiment claustral est élevé sur des murs de près de deux mètres d'épaisseur, soutenus par des contreforts.

La salle des convers, d'aspect austère, est divisée par deux rangs de

cinq colonnes massives soutenant des arcs doubleaux et diagonaux qui
supportent dix-huit voûtes. Des fenêtres hautes et étroites éclairent seules
la salle du côté nord. Le parloir des moines fait suite. Cette salle faisait communiquer les deux cloîtres.

La salle capitulaire est le chef-d'œuvre de l'abbaye de Vaucelles. C'est
une vaste salle carrée de 18 mètres de côté ; elle est divisée en tous sens
par trois travées. Au centre, quatre robustes colonnes supportent les croisées d'ogive qui reposent, autour de la salle, sur des colonnes engagées, trois
larges baies à plein cintre au midi et trois baies longues et étroites au nord
éclairent cette salle. Les baies du midi correspondaient à la galerie du grand
cloître. Les abbés du monastère étaient inhumés sous les dalles émaillées
de cette salle (*Photo p.* 96).

Le dortoir des moines, qui a servi de grenier et qui est détruit par l'incendie, occupait tout l'étage du bâtiment claustral. Avant son utilisation,
il était voûté comme le rez-de-chaussée. Une large baie le faisait communiquer avec l'église. Les moines se rendaient par cette baie aux offices de nuit.

Dans diverses salles du rez-de-chaussée, on pouvait voir, avant la guerre,
six pierres tombales ; il n'en reste plus qu'une. Les autres ont été brisées
par les Allemands. Dans le parc, on peut remarquer quelques traces du
chœur de l'ancienne église.

Revenir vers le palais abbatial en partie ruiné par les obus.

On remarque encore la façade de briques et de pierres de style Louis XII,
surmontée d'un pignon à fronton semi-circulaire dans le tympan duquel
est sculpté un double cartouche aux armes de l'abbaye.

Revenir vers la N. 44 que l'on traversera pour continuer tout droit sur
Bantouzelle.

ABBAYE DE VAUCELLES. — LA SALLE CAPITULAIRE.

De Vaucelles au tunnel du canal de Saint-Quentin.

Tous les villages dont on va traverser les ruines jusqu'à Saint-Quentin étaient en pleine ligne Hindenburg. Le canal était le fossé de la position.

Des lignes de tranchées encadraient la ligne d'eau, principalement à l'est.

Dans **Bantouzelle** (*Photos p.* 97 *et* 99), *prendre la première route à droite qui descend sur* **Banteux,** *franchir le canal. Dans Banteux continuer à gauche sur* **Honnecourt.**

La route suivie marque la ligne britannique atteinte le 26 septembre par les 13e et 5e corps de l'armée Byng. L'obstacle du canal était trop formidable pour songer à l'aborder de front. Aussi le commandement britannique résolut-il de le tourner par le sud. Le 3 octobre, le 13e corps (Morland), en liaison au sud avec les Américains, avance sur Le Catelet et Gouy.

Le 5, les deux villages enlevés, l'ennemi est forcé d'abandonner toute sa ligne entre Le Catelet et Crèvecœur sur l'Escaut : la droite de l'armée Byng est ainsi mise en mesure de franchir le canal de l'Escaut.

Traverser Honnecourt, qui fut autrefois une petite ville avec ses fortifications, son château, son abbaye. *Suivre le canal.*

A **Vendhuille,** *tourner à gauche, descendre vers la vallée, traverser le canal et continuer sur* **Le Catelet** (*Photo p.* 100). *Arrivé sur la N.* 44, *la prendre à droite, dans le village. On la suivra jusqu'à Saint-Quentin.*

Le Catelet fut une ancienne petite ville fortifiée par François 1er au moment de sa rivalité avec Charles-Quint. On voit la citadelle encore, à la sortie sud, avec ses murailles hautes de 30 mètres et larges de 10.

Français et Espagnols guerroyèrent un siècle dans toute cette région pour la possession de cette forteresse. Louis XIV s'en empara en 1652 et la ville fut démantelée vingt ans plus tard.

Le Catelet, sur la grande route de Lille-Cambrai à Châlons, était autrefois un important relai de diligences avec ses auberges animées. Le chemin de fer a ruiné cette prospérité.

BANTOUZELLE. — LE CANAL DE SAINT-QUENTIN ; UNE ÉCLUSE DÉTRUITE.
Au fond : BANTEUX.

*Sortir du Catelet par la N. 44. A 1.200 mètres environ à l'est de la grand'
route,* sont les ruines de l'abbaye de Mont-Saint-Martin, abbaye très prospère sous le Moyen-Age.

Reconstruite en 1760, elle devint, après Waterloo, la demeure du duc de
Wellington dont l'armée occupait Cambrai et les environs. Le duc en fit
une maison de plaisance avec parcs et jardins.

Derrière les dépendances de l'abbaye ruinée, l'Escaut prend sa source.
Cette source ne date que de deux siècles. Autrefois, l'Escaut jaillissait au
pied du cimetière de Beaurevoir. Les eaux s'enfonçant dans les couches
crayeuses ont reparu en aval de la source primitive.

Beaurevoir, en ruines aujourd'hui, possédait au Moyen-Age un imposant
château-fort qui devint la propriété d'un prince de Luxembourg. Jeanne

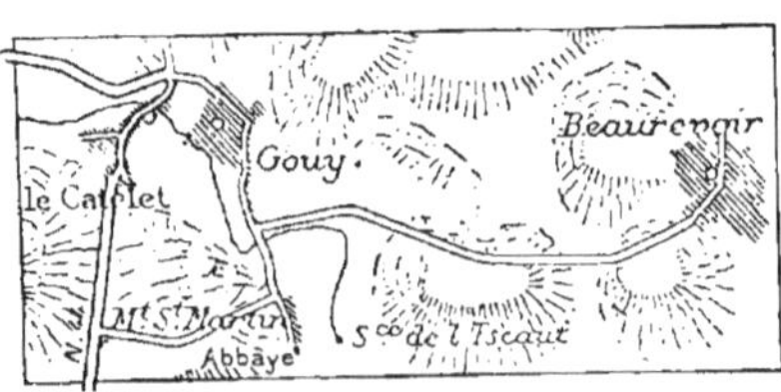

d'Arc, faite prisonnière à Compiègne, y fut enfermée quatre mois, avant
d'être vendue aux Anglais, par le châtelain, pour dix mille livres.

*Un kilomètre après Le Catelet, une route se détache à gauche de la N. 44 ;
on peut, si l'on dispose de quelque temps, la prendre, pour se rendre à* **Mont-
Saint-Martin,** *puis à* **Beaurevoir** *(croquis ci-dessus).*

Le canal de Saint-Quentin.

Sa conquête par l'armée Rawlinson
(29 septembre 1918).

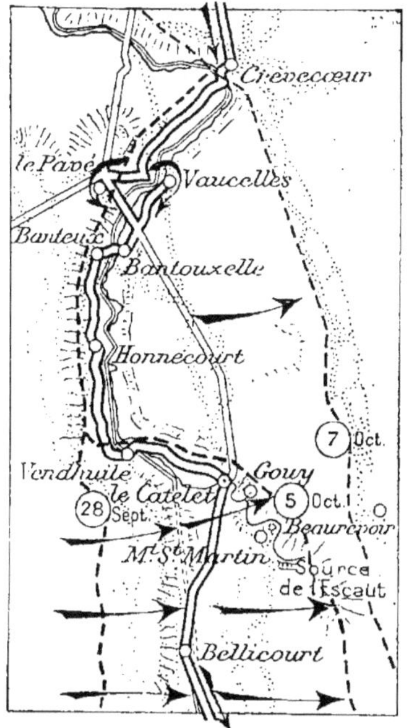

*La conquête du canal de Saint-Quentin
dans le secteur du tunnel
(29 septembre 1918).*

Entre Le Catelet et Bellicourt, le canal de Saint-Quentin traverse sous tunnel le plateau qui sépare la haute vallée de l'Escaut de celle de la Somme. Son tracé est marqué à la surface du plateau par un renflement des terres avec ouvertures de puits d'aération disposés régulièrement. On en verra l'entrée à Bellicourt.

2 km. 300 après la sortie du Catelet, au point le plus élevé où passe la route, s'arrêter face à l'ouest.

On domine alors le secteur le plus fortifié de la ligne Hindenburg où, le fossé du canal n'existant plus, les Allemands craignaient une attaque appuyée par des tanks.

Le tunnel rempli de péniches devint un abri sûr pouvant contenir plus d'une division.

Les puits d'aération le faisaient communiquer avec les diverses organisations qui en couronnaient le sommet. La ligne principale de résistance s'étendait à 200 mètres à l'ouest avec son lacis de boyaux, de tranchées, ses blockhaus et ses nappes de réseaux barbelés.

Un kilomètre à l'est de la route nationale, une forte ligne de soutien rattachait les villages du Catelet et de Nauroy. Enfin à 3 km. 500 plus à l'est, se dressait la ligne de Beaurevoir.

Le 24 septembre 1918, l'armée Rawlinson (4e) est en contact des avant-postes de la ligne Hindenburg. En face du tunnel du Catelet à Bellicourt, se tient, au centre de l'armée Rawlinson, le 2e corps américain Reed ayant en réserve le corps australien.

Ce 2e corps américain est formé des 27e (O'Ayan) et 30e (Lewis) divisions de New-York. Elles allaient pour la première fois participer à une grande offensive et se signaler comme troupe d'élite.

La mission des New-Yorkais était d'abord d'enlever avant l'attaque principale les points d'appui avancés, puis de s'emparer des lignes du tunnel. Ces lignes conquises, les divisions australiennes, traversant les rangs des Américains, devaient exploiter le succès.

Le 27 septembre, les Américains conquièrent le terrain d'attaque favorable pour le départ de la grande offensive du 29, par des assauts sanglants autour des fermes Gillemont et Quennemont. Malgré les incessantes rafales des mitrailleuses ennemies qui se tiennent près des puits du tunnel, les New-Yorkais se déploient pour l'attaque principale : les 108e et 107e régiments en première ligne, les 105e et 106e en réserve.

A 5 h. 20, dans un brouillard épais, derrière un barrage intense qui s'abat sur les organisations du tunnel et qui, lentement, se déplace d'une centaine de mètres, toutes les quatre minutes, les New-Yorkais s'élancent à l'assaut

BANTOUZELLE. — LES RUINES DE L'ÉGLISE.

des organisations allemandes et des ruines du Catelet. Les vagues sont précédées d'une escadre de tanks lourds et légers. Mais ceux-ci rencontrant bientôt des mines et des trappes sont pour la plupart mis hors de combat. En dépit d'une résistance tenace causant à l'assaillant de lourdes pertes et de la difficulté de liaison entre les unités par suite du brouillard, les premières vagues enlèvent fougueusement les positions ennemies, poussent vers Gouy et Le Catelet.

Le brouillard se lève et, des nombreux points fortifiés dépassés par les vagues de tête, surgissent des Allemands cachés sous le tunnel. Ceux-ci déciment à revers les premières vagues passées et arrêtent les colonnes de renfort.

L'artillerie ne peut intervenir dans cette mêlée ; des combats meurtriers

PRÈS D'HONNECOURT. — UN TISSAGE INCENDIÉ ET DÉTRUIT A LA MINE PAR L'ENNEMI.

Le Catelet. — L'église vue du canal.

et confus s'engagent, au cours desquels tous les éléments du 2ᵉ corps américain entrent en action. Les éléments extrêmes des assaillants résistent sur place, complètement isolés de leurs camarades.

Les unités australiennes (divisions Hobbs et Gellibrand) s'engagent alors à leur tour. Enfin, les points de résistance succombent. Les Australiens relèvent les New-Yorkais qui ont subi de lourdes pertes, mais qui ont capturé 1.100 prisonniers, dont 40 officiers.

Continuer sur **Bellicourt;** *à la sortie du village, la route passe au-dessus du tunnel du canal. Cent mètres plus loin, à droite, le canal sort du tunnel, entre les escarpements d'un profond déblai.*

Se rendre à pied au débouché du tunnel, par un escalier qui conduit au bord du canal.

Bellicourt. — Les ruines du village et la N. 44.

BELLICOURT. — L'ENTRÉE DU TUNNEL DU CANAL DE SAINT-QUENTIN REMIS EN
ÉTAT AU DÉBUT DE 1920.

Le tunnel du canal de Saint-Quentin.

Au début du XVIIIe siècle, c'est un ingénieur militaire nommé Devic
qui conçut le projet de traverser le plateau du Catelet par un canal souter-
rain. Les difficultés à vaincre firent oublier le projet et son inventeur. En
1766, l'ingénieur Laurent proposa de creuser une galerie souterraine de
13 kilomètres. Commencés en 1769, les travaux furent suspendus six ans
plus tard, par suite du manque d'argent et du manque de foi en la réussite.

En 1801, Napoléon Ier, venu dans le pays, examine les travaux commencés, consulte l'Institut et donne l'ordre de poursuivre l'ancien projet
Devic.

Aussitôt, soldats, ouvriers du pays, prisonniers de guerre se mettent à
l'œuvre et malgré des difficultés nombreuses, éboulements, infiltrations,
et, avec un outillage rudimentaire, l'entreprise est terminée en 1809, grâce
à l'impulsion énergique de l'Empereur. Au-dessus de la voûte du canal,
on peut lire :

*« Napoléon Ier, empereur et roi, a fait ouvrir le canal de Saint-Quentin qui
réunit les bassins de la Somme et de l'Escaut. Commencé en 1802 et terminé
en 1810, sous les ministères des comtes Crite et de Montalivet, ce canal a été
exécuté sous la direction de Jacquet. »*

Primitivement, sept ou huit hâleurs, en portant des fanaux, tiraient
les bateaux un à un, à la corde, par l'étroit chemin de halage disposé sur
l'un des côtés, la traversée durait quelques heures.

La première fois, les bateliers eurent une telle appréhension de la traversée
qu'on leur promit une exemption perpétuelle de droit de navigation au premier bateau qui franchirait le tunnel.

Aujourd'hui, la traction de rames de quarante à cinquante bateaux se
fait par remorqueur actionné par un puissant courant électrique transmis
par trolley. Pour éviter les dangers d'asphyxie qu'on a déjà eu à déplorer,
tous les foyers de combustion doivent être éteints à bord des péniches pendant la traversée.

*Continuer vers Saint-Quentin. S'arrêter à 2 km. 500 après le débouché
du tunnel à hauteur de* **Bellenglise**, *Cote* 111.

Le canal de Saint-Quentin a Bellenglise, en juin 1919.

Face à l'ouest, s'étend le secteur d'attaque du 9e corps britannique (Braithwaite), le 29 septembre 1918.

Le fossé profond du canal constituait un obstacle redoutable.

Dès le 27, l'artillerie britannique bat les obstacles pendant deux jours par le feu de 500 pièces de tous calibres.

Le 29, à 5 h. 30, à la même heure que les Américains plus au nord, les North-Midlanders de la 46e D. I. s'élancent sur la ligne avancée qui couvre le canal. Sans grandes pertes, les assaillants arrivent au bord du large et profond fossé.

« Les hommes, munis de trois mille ceintures de sauvetage, s'élancent en avant, reculent comme des chiens de chasse désemparés en quête d'un endroit propice, puis se jettent à l'eau en se laissant tomber, coulent ou nagent, tandis que leurs vaillants officiers traînent des cordes derrière eux en traversant. Toute la surface du canal, sur un espace de plus d'un mille, est parsemée de têtes; des câbles, des débris de ponts, des radeaux de fortune et des barques percées sont utilisées. En quelques instants, l'infanterie anglaise, mouillée jusqu'aux os, est dans les tranchées de la rive est; l'effet moral produit par leur exploit hardi sur l'adversaire, enlève à ce dernier toute ardeur combative. » (Conan Doyle : *History of the War*.)

Au nord, l'irruption est si soudaine que les sapeurs allemands ne peuvent détruire le pont de Riqueval qui, déblayé rapidement par les sapeurs britanniques, devient un précieux passage pour les tanks.

Vers 16 heures, la 32e division traverse les rangs de la vaillante 46e. Les

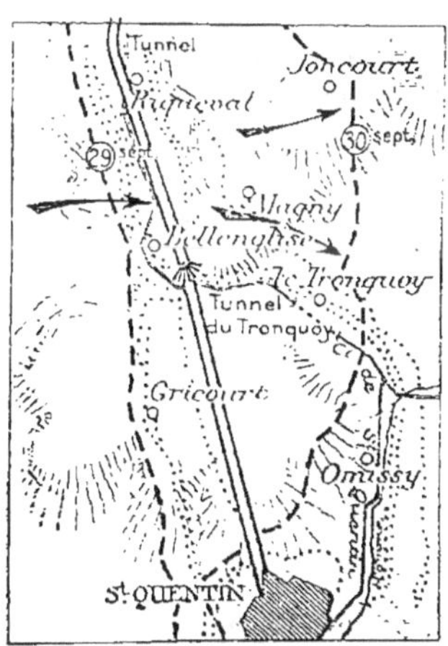

La conquête du canal de Saint-Quentin dans le secteur du coude du canal (29 sept. 1918).

lignes allemandes, face au sud, sont prises
à revers. Avant la nuit, le Tronquoy est
enlevé ; Joncourt, 5 kilomètres au delà de
la ligne de départ, est atteint. Les assaillants ont capturé 90 canons et 5.400 prisonniers, la grande majorité, 70 canons et
4.000 par les « Midland Territorials ». C'est
un des plus beaux exploits de l'armée britannique.

Continuer sur **Saint-Quentin,** *franchir
le canal.*

*4 km. 500 plus au sud, sur la crête qui
domine, direction de Saint-Quentin, s'arrêter.*

La prise de Saint-Quentin.

Le 25 septembre, après un mois et
demi de batailles qui l'avait amenée de
l'ouest de Montdidier, à 8 kilomètres de
Saint Quentin, l'armée Debeney, pour ne
pas s'engager dans des combats de rues,
devait faire tomber la ville par encerclement.

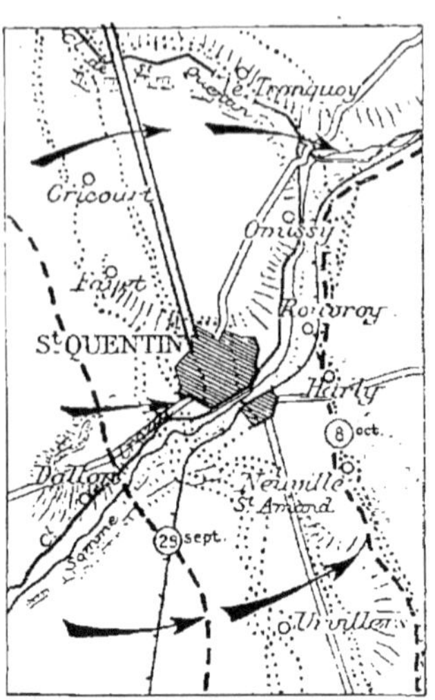

LA PRISE
DE SAINT-QUENTIN EN 1918.
(29 SEPT.-10 OCTOB.)

Lorsque les Britanniques auraient fran-
chi le canal, le 15e corps (de Fonclare) déboucherait au nord de la
ville. En même temps, le 31e corps attaquerait sur le plateau d'Urvillers,
débordant Saint-Quentin au sud.

Le 36e corps (Nollet), face à la ville, dont la fameuse 133e division « la
Gauloise » (Valentin) avait enlevé, du 18 au 25 septembre, les redoutables
positions de l'Epine de Dallon, traverserait la ville, la nettoyant rapidement,
puis continuerait son mouvement vers l'est.

Le 29, l'attaque commence et rencontre partout une résistance opi-
niâtre.

Le 30, la route Cambrai-Saint-Quentin est franchie par le 15e corps ;
le 1er octobre, bousculant les premiers éléments allemands, il se jette sur
Omissy, tente de franchir le canal où crépite toute une ligne de mitrailleuses.

Un groupe de bataillons de chasseurs passe le canal au tunnel du Tronquoy.

Bousculé au nord et au sud de la ville, l'ennemi se replie devant Saint-
Quentin.

Le 1er octobre, à 10 heures, une compagnie d'avant-garde du 401e régiment d'infanterie atteint le faubourg Saint-Martin, pénètre dans la ville et,
entraînée par son ardeur, la traverse, capturant un officier et son auto ;
le 401e et le 321e bousculent les derniers éléments attardés, les rejettent
vers le pont de Rouvroy qui saute à 100 mètres des éléments de tête, cou-
pant toute retraite à quelques éléments ennemis.

Jusqu'au 8 octobre, l'ennemi s'accroche le long du chemin de fer de
Saint-Quentin à Cambrai dans les villages d'Harly et Neuville-Saint-Amand
et dans les fabriques environnantes.

Le 9, avant l'aube, le 401e, puis le 15e groupe de chasseurs enlèvent
ces dernières résistances.

Le 10 octobre, l'armée Debeney borde l'Oise, à 12 kilomètres au delà
de Saint-Quentin.

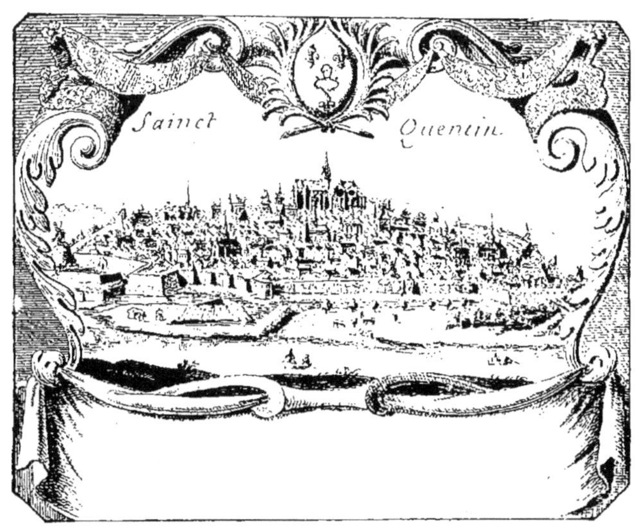

SAINT-QUENTIN AU XVIIe SIÈCLE, D'APRÈS UNE GRAVURE ANCIENNE.

SAINT-QUENTIN

Aperçu historique.

Dès le début du premier siècle, sous l'empire romain, Augusta Veromanduorum remplace Vermand, cité gauloise, comme capitale des Véromanduens. A la fin du IIIe siècle, saint Quentin, évangélisateur venu d'Italie pour prêcher le christianisme dans la région, y fut décapité. Un demi-siècle plus tard le corps du saint fut enseveli dans une chapelle bâtie sur la colline. La ville fut érigée en évêché, mais au cours du Ve siècle les Barbares de passage ayant à plusieurs reprises incendié et ravagé la ville, l'évêché fut transféré à Noyon par saint Médard.

Sous Dagobert, le fameux saint Eloi fit orner le tombeau de saint Quentin. Une communauté d'élèves fut instituée près des reliques saintes. Attirés par leur réputation miraculeuse, les pèlerins affluèrent. Cette affluence dans la ville fit naître commerce et industrie, en particulier celle du drap. La bourgeoisie s'enrichit et, s'émancipant, réclama bientôt le droit d'élire ses magistrats. La ville, une des premières, obtint, en 1080, sa charte communale du comte de Vermandois. Ville frontière au seuil des dom.ines de France et de la Maison d'Autriche, Saint-Quentin « loyale et fidèle » selon le titre qui lui fut décerné, soutint des sièges mémorables.

Le plus célèbre fut celui de 1557. Assiégée le 2 août par l'armée de Philippe II, la place fut défendue par l'amiral de Coligny et, grâce au courage de ses habitants conduits par le mayeur Varlet de Gibercourt, elle résista 25 jours. Pendant ce siège, l'armée de secours envoyée par Henri II, sous le commandement du connétable de Montmorency, fut défaite le 10 août. Mais la résistance de Saint-Quentin permit au roi de France de reconstituer une armée pour couvrir Paris. Sous Louis XIV, Vauban fortifia la ville. La création du canal Crozat et du canal de Saint-Quentin accrut la prospérité de la ville pendant les XVIIIe et XIXe siècles.

Pendant la guerre de 1870, le 8 octobre, Saint-Quentin résista encore vaillamment. La garde nationale repoussa une première attaque des Allemands, mais le 19 janvier 1871, l'armée du général Faidherbe, en échec dans les environs de la ville, dut battre en retraite. En récompense de son patriotisme, Saint-Quentin fut décoré de la Légion d'honneur, le 6 juin 1897.

Avant la guerre, la ville était très prospère. Ses manufactures d'étoffes de coton, de tissus de laine, ses filatures, ses maisons de broderies, de dentelles, de lingerie, de tulles, ses ateliers de constructions et ses distilleries occupaient des milliers d'ouvriers. Grâce au goût du dessin, transmis de génération en génération parmi les artisans, certains articles dits articles de Saint-Quentin étaient uniques et avaient acquis une réputation universelle. En outre, au milieu du riche Vermandois, aux cultures variées, cultures industrielles de la Picardie, gras herbages de la Thiérache, cultures maraîchères de la vallée de la Somme, Saint-Quentin, au carrefour de nombreuses routes, canaux, voies ferrées, avait acquis une prospérité grandissante.

Saint-Quentin pendant la guerre.

Après l'invasion de la Belgique (*Voir page* 5), Saint-Quentin est traversé le 26 août, par les colonnes britanniques du général Smith Dorrien, en reretraite vers l'Oise. A la veille du fameux communiqué du 29 août : « La situation de la Somme aux Vosges », les Allemands font leur entrée dans Saint-Quentin. Le lendemain, l'aile gauche de l'armée Franchet d'Espérey, prenant l'offensive, se bat jusque dans les faubourgs de la ville, mais l'arrivée d'importants renforts allemands oblige les Français à se replier dans la vallée de l'Oise. (*Voir page* 7.)

D'octobre 1914 à février 1917, l'ennemi installe dans la ville le quartier général de sa IIe Armée. La ville est à la merci de toutes les fantaisies de l'envahisseur : indemnités, amendes, réquisitions, ordres de la Kommandantur. Le Kaiser vient à Saint-Quentin, exige que la Municipalité l'accompagne dans le cimetière allemand et supporte ses observations.

Après le repli allemand de mars 1917, le Commandement allemand place Saint-Quentin dans la première organisation de la ligne Hindenburg, dans le dessein évident, en exposant cette ville aux coups de l'artillerie adverse, de donner au secteur une certaine sécurité.

Le Commandement recrute de force des ouvriers dans la population ;

SAINT-QUENTIN. — UN BLOCKHAUS ÉLEVÉ PAR LES ALLEMANDS SUR LA PLACE LONGUEVILLE *(Octobre* 1918).

LE PANORAMA DE SAINT-QUENTIN, VU DES LIGNES BRITANNIQUES EN MARS 1917.

sous les menaces, ceux-ci sont obligés de l'aider dans son œuvre de dévastation. C'est ainsi que le bois de Savy, à quelques kilomètres de la ville, est tondu à la scie par des habitants de Saint-Quentin. Mais la plupart de la population, environ 40.000 habitants, est évacuée en Belgique.

A peine le maire et le dernier habitant ont-ils quitté la ville que celle-ci est, par ordre, livrée au pillage. Les soldats reçoivent l'autorisation de prendre et d'expédier en Allemagne tout ce qui reste dans les maisons. La ville est organisée en réduit de résistance. Les troupes du secteur s'installent dans les caves et en profitent pour rechercher toutes les cachettes des malheureux habitants. De véritables ruelles souterraines font communiquer par les caves tous les quartiers de la ville. De ces caves, le 21 mars, s'élancent les innombrables divisions allemandes destinées à remporter la victoire décisive qu'escomptaient les Allemands pour le printemps 1918.

Pas une maison n'est restée intacte, le plus grand nombre que l'artillerie a épargnées sont dévastées systématiquement, les meubles enlevés, les portes, les fenêtres, les gouttières, les conduites d'eau et de gaz arrachées. Simultanément s'accomplit avec plus de fureur encore la dévastation des usines.

« *Comment admettre, comme voudraient le faire croire les Allemands, que les obus alliés ont précisément choisi, dans chaque rue, l'immeuble commercial ou industriel ?* » rapporte la Commission d'enquête.

Tandis que les maisons sont encore figurées par les murs et les toits transpercés, les usines sont écrasées et dans celles qui restent debout, pas un métier de quelque nature qu'il soit ne subsiste. Toutes les machines que l'ennemi n'a pas eu le temps d'évacuer ont été «cassées sur place» en menus morceaux, réduites au marteau à l'état de ferraille. De grands tissages de huit cents métiers sont pulvérisés. Un tas de ferraille, par métier, sur le carreau de l'usine, permet seul de dénombrer ceux-ci.

Les Allemands, dans leur rage d'atteindre, comme ils le proclamaient, « l'âme de la maison », ont volé ou brûlé, en un feu de joie, la comptabilité, les dessins, les modèles, tout ce qui pouvait servir à maintenir la «marque» de chacune de ces maisons d'une industrie confinant à l'Art.

Les monuments n'ont pas été épargnés. Le monument commémoratif de la Place du 8 Octobre a disparu, il en est de même de celui qui rappelait le siège historique de 1557. L'hôtel Lécuyer est entièrement brûlé ; mais c'est surtout la visite de la basilique, l'un des plus beaux édifices de l'art gothique, qui laisse une des impressions les plus profondes de dévastation.

« *Trois milliards de dégâts* », proclame victorieusement le 16 août 1918, le gouverneur de la ville, comte de Bernstorff, à un conseiller municipal de Saint-Quentin, « *trois milliards de dégâts ! Ma conclusion, ajoute-t-il, est que la ville de Saint-Quentin ne se relèvera pas.* »

En 1920, vingt mille Saint-Quentinois peuplaient déjà les ruines inhabitables, prêts à relever l'insolent défi.

SAINT-QUENTIN. — USINE DAVID-MÉGRET : ENCOLLEUSES DÉTRUITES.

Une équipe de soldats allemands commandée pour détruire méthodiquement au marteau les 350 métiers d'un tissage, près de Cambrai, est si fière d'accomplir cette odieuse besogne, qu'elle a voulu se faire photographier au milieu des machines mises en pièces. Une photographie avait été laissée au propriétaire de l'usine.

SAINT-QUENTIN. — USINE BEGUIN : SALLE DE TISSAGE. LE PROPRIÉTAIRE DE L'USINE DEVANT LE DÉSASTRE.

SAINT-QUENTIN. — Près de la place Longueville, une rue après l'évacuation de l'ennemi, le 2 octobre 1918.

SAINT-QUENTIN. — Sur le boulevard Gambetta, les Allemands ont fait sauter la maison qu'habita le Kaiser.

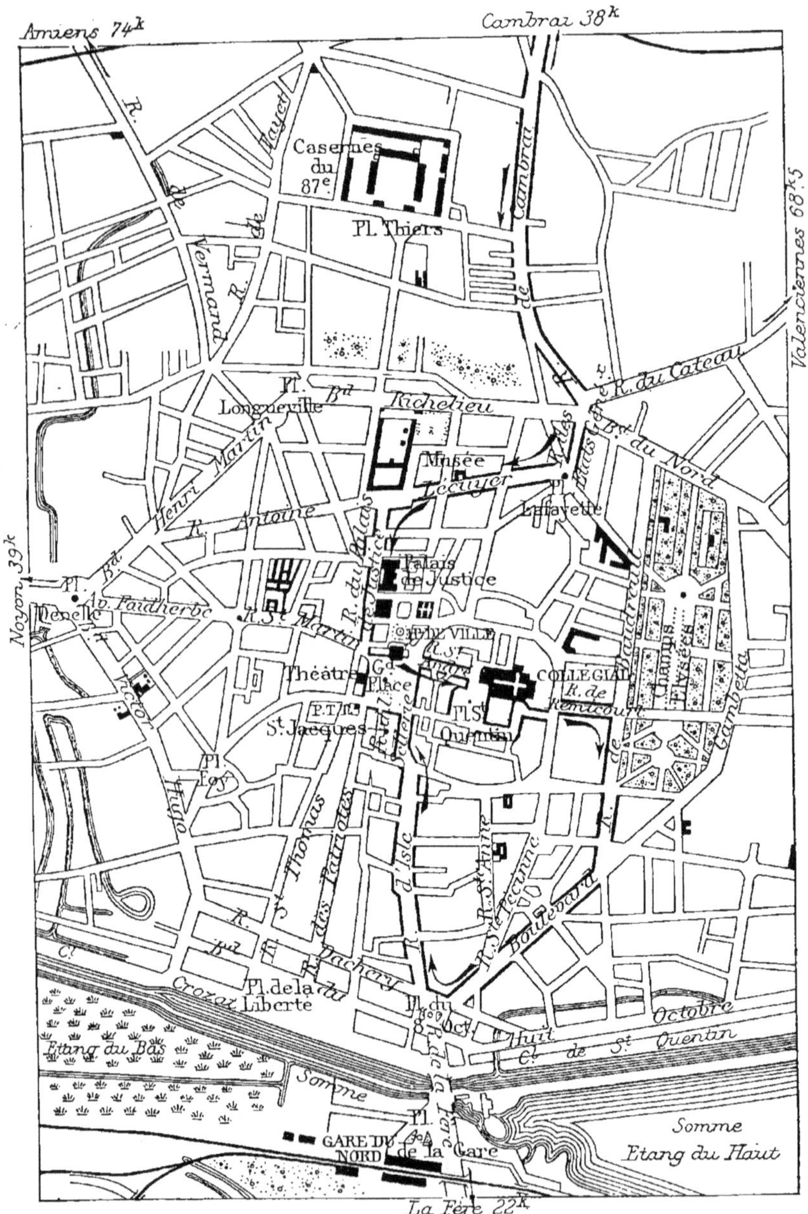

Suivre l'itinéraire tracé en **traits gras.**

Arrivant par la rue de Cambrai, suivre la rue Lécuyer, rue du Palais de Justice, Grande Place, Collégiale, rue de Remicourt, Champs-Élysées, boulevard Gambetta, place du 8-Octobre, rue d'Isle.

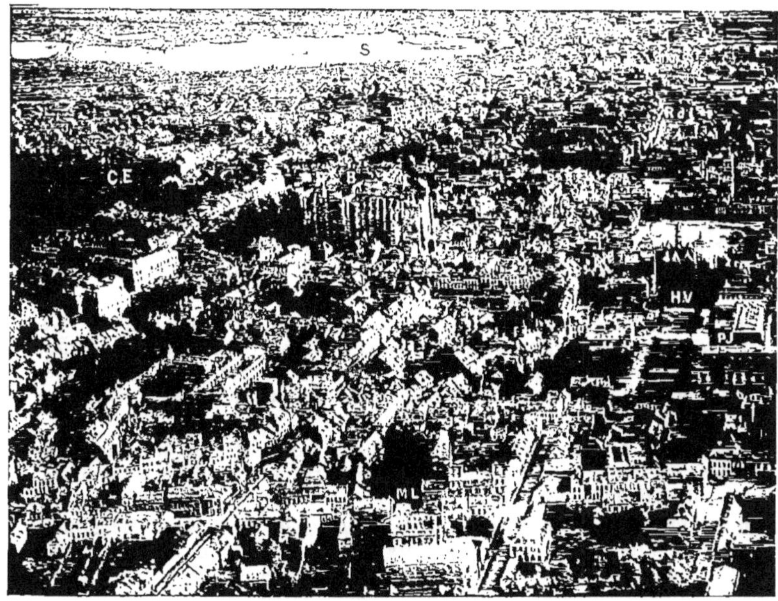

SAINT-QUENTIN. — PHOTO PRISE EN AVION (SEPTEMBRE 1918).
M L : Musée Lécuyer. — P J : Palais de Justice. — H V : Hôtel de Ville. — B : Basilique. —
C-E : Champs-Elysées. — S : Somme. — R d'I : Rue d'Isle.
(Monuments et rues sont cités suivant l'ordre donné dans l'itinéraire.)

VISITE DE SAINT-QUENTIN

(*Voir le plan, page 109.*)

Suivre la rue de Cambrai par laquelle on arrive jusqu'à la place Lafayette, à droite prendre la rue Antoine-Lécuyer. Au n° 22 de cette rue se trouvait le MUSÉE.

Le Musée Lécuyer.

Le Musée, qui renfermait une riche collection d'objets d'art, est surtout célèbre par les œuvres du pastelliste La Tour (1704-1788), né à Saint-Quentin, l'un des plus célèbres peintres de l'Ecole française. Elève de Louis Boulogne, il fut, dès ses débuts, l'objet d'un engouement sans bornes. Vers 1740 sa renommée était à son apogée. Il fut reçu à l'Académie de peinture vers 1746, peintre du Roi en 1750 et lui, que Diderot appelait un « magicien », vit poser devant son chevalet toutes les notoriétés de son temps. Louis XV, Marie Leczinska, la Princesse de Saxe, Mme de Pompadour, Jean-Jacques Rousseau, d'Alembert nous sont connus par les effigies aimables, gracieuses en même temps que profondes, que La Tour en a tracées.

« En entrant au Musée de Saint-Quentin, disaient les Goncourt, devant toutes ces têtes qui se tournent comme pour vous voir, il vous semble que vous venez de déranger dans cette grande salle, où toutes les bouches viennent de se taire, le XVIIIe *siècle qui causait. »*

La Tour disait de ses modèles : *« Ils croient que je ne saisis que les traits de leur visage, mais je descends au fond d'eux-mêmes à leur insu et je les emporte tout entiers. »*

Dès les premiers jours de la mobilisation, il avait été question de mettre à l'abri les quatre-vingt-sept œuvres qui constituent le legs précieux fait à la ville de Saint-Quentin en 1806 par Jean-François de La Tour, le demi-frère de l'artiste.

Les hésitations de la mairie firent ajourner ce projet et lorsqu'enfin son acquiescement fut obtenu, il était trop tard, l'ennemi était à la porte de la ville.

Du moins, les pastels avaient été mis en sûreté dans les sous-sols où ils restèrent pendant une vingtaine de mois.

Dans le courant de 1916, on les réinstalla dans leur salle et un érudit allemand publia un prétentieux volume dédié au Roi de Wurtemberg sur La Tour, pastelliste de Louis XV.

Au commencement de 1917, l'autorité allemande décida d'enlever les pastels, voulant, prétendait-elle, les arracher au danger des bombardements. On fit procéder à l'emballage et la collection fut transportée à Maubeuge, dans les magasins du Pauvre Diable, transformés en musée par l'architecte Keller.

L'exposition des pastels, auxquels avaient été joints des meubles, des tapisseries, quelques objets d'art de la région, fut inaugurée le 27 mai par le maréchal Hindenburg lui-même.

En octobre 1918, il fut question de transporter les La Tour en Belgique ; le représentant de la Municipalité Saint-Quentinoise s'y opposa et ils furent descendus dans les sous-sols au moment de l'avance des armées de l'Entente.

Après l'armistice, les La Tour étaient ramenés à Paris et, en mai 1919, étaient exposés dans deux salles du Louvre, en attendant d'aller reprendre leur place dans leur ville d'élection *(Photos p.* 112 *et* 113*)*.

Après être passé devant le Musée, prendre à gauche la rue du Palais de Justice.

QUENTIN
DE LA TOUR
PAR LUI-MÊME.
—

LOUIS
DE SILVESTRE
LE JEUNE.
—

Photos J.-E. Bulloz.

Mlle
MARIE FEL.
—

Mlle DE
CHASTAGNER
DE LAGRANGE
—

Photos J.-E. Bulloz.

8

SAINT-QUENTIN. — LE PALAIS DE JUSTICE.

LE PALAIS DE JUSTICE fut terminé en 1908. Vaste et bien aménagé, il a été touché en maints endroits par les obus ; il est cependant très réparable.

Du Palais de Justice, se rendre à la Grande Place par la rue du Palais de Justice.

Au centre de cette place, se dressait autrefois le monument commémoratif du siège de 1557. Les groupes de bronze enlevés par les Allemands étaient de Theunissen et d'Heubis.

LA GRANDE PLACE. — *Au premier plan :* LE MONUMENT COMMÉMORATIF DU SIÈGE DE 1557. *Au fond :* L'HOTEL DE VILLE.

La Grande Place vue vers la basilique. (Octobre 1918.)

L'Hôtel de Ville.

L'Hôtel de Ville, un bijou de la période gothique, fut commencé en 1331 et continué au xvᵉ siècle par l'architecte Collard Noël.

La façade ne fut achevée qu'en 1509 ; elle est composée d'une galerie à sept arcades ogivales de neuf fenêtres flamboyantes, flanquées de niches à dais pyramidaux (aujourd'hui sans statues), d'une élégante balustrade et de trois pignons à rosaces.

De délicieuses statues, qu'il faudrait voir et détailler une à une, s'inscrivent parmi les feuillages dans les arcades ogivales.

De même, les consoles qui supportent les dais sont sculptées de scènes rustiques ou grotesques, fréquentes dans le vocabulaire ornemental des imagiers de cette époque.

A l'intérieur, le vestibule dont la voûte centrale est

Le monument du siège de 1557 et l'Hôtel de Ville avant la guerre.

Cliché L.L.

HOTEL DE VILLE (XVIe SIÈCLE):
LE PORTIQUE DE LA FAÇADE.

UN DES CHAPITEAUX DES PILIERS
DU PORTIQUE, REPRÉSENTANT
LA VENDANGE.

Photos r. Martin-Sabon.

HOTEL DE VILLE : LE REZ-DE-CHAUSSÉE.

seule ancienne et surtout au premier étage la salle du Conseil sont remarquables. La décoration de cette salle a été achevée sous François Ier; on y remarque une cheminée monumentale richement ornementée, trois fenêtres avec de précieux vitraux Renaissance. La partie transversale de la voûte en double berceau repose sur deux consoles de pierre sculptée. Une grande peinture moderne, d'Ulysse Butin et Clairin, représente le comte de Vermandois, Herbert IV, accordant la charte communale aux habitants de Saint-Quentin vers 1080. L'ancienne chapelle et la salle des mariages sont voûtées de bois ; la salle des mariages renferme une curieuse pendule gagnée en 1754 à Châlons par la compagnie des canonniers arquebusiers de Saint-Quentin.

De la Grande Place, se rendre à la COLLÉGIALE DE SAINT-QUENTIN *par la rue Saint-André.*

HOTEL DE VILLE. — AU PREMIER ÉTAGE, LA CHEMINÉE DE LA SALLE DU CONSEIL.

La Collégiale de Saint-Quentin.

Cet édifice, appelé ainsi parce qu'il fut administré du xe siècle à la Révolution par un collège de chanoines, reçut en 1876 le titre de basilique.

Dès le début du ixe siècle, le fils de Charles Martel entreprit, grâce aux libéralités de Charlemagne, de bâtir une église pour renfermer les restes de saint Quentin et de ses deux diacres. Au xiie siècle, on commença à travailler à une église plus vaste. Saint Louis et Enguerrand III de Coucy assistèrent à la mise en place des châsses offertes par eux pour renfermer les corps des saints martyrs à l'époque où l'on commençait à édifier le grand transept. A ce moment, le chœur, attribué à Villard de Honnecourt, fut consacré. Les travaux, continués jusqu'au début du xve siècle, furent arrêtés par la peste. En 1444, la châsse de saint Quentin fut promenée en procession dans les paroisses de Paris, afin d'obtenir les aumônes nécessaires à l'achèvement de la cathédrale. Des travaux de réfection furent ordonnés et faits aux dépens de Louis XI. En 1557, lors du célèbre siège par les Espagnols, Philippe II avait défendu de tirer un seul coup de canon contre la Collégiale ; pourtant une grande partie des vitres de la nef et du chœur furent brisées et un projectile laissa des traces sur l'un des portails.

En 1669, le feu faillit détruire la Collégiale. Louis XIV la visitant, accorda au chapitre des sommes importantes pour sa réfection.

Au xviiie siècle, les chanoines, méprisant les œuvres du Moyen-Age, firent détruire le jubé, remplacer les vitraux de la nef et badigeonner les

La Collégiale. — Le coté sud. (Octobre 1918.)
*La statue de Quentin de La Tour a disparu de son socle. Les bâtiments
s'appuyant à la basilique sont écroulés.*

La Collegiale. — Façade du petit transept.

murs. En 1793, sous la Révolution, les bas-reliefs représentant la vie de saint Quentin furent mutilés, plusieurs des chapelles latérales abîmées, la Collégiale fut transformée en Temple de la Raison, puis en magasin à fourrage.

Enfin au XIXe siècle, on y fit d'importantes réparations.

Longue de 123 mètres, large de 48 mètres, la hauteur de la basilique jusqu'à la croix surmontant le campanile central est de 65 mètres.

Son plan, en croix archiépiscopale, offre la particularité d'avoir un double transept.

La tour de la façade occidentale forme porche à la base, c'est la partie la plus vieille de la basilique. Après le violent incendie de 1669, on ajouta dans le style de l'époque la partie supérieure de la tour. Le projet primitif d'élever deux

tours de chaque côté de la façade-porche fut abandonné.

Prendre à droite jusqu'à la place de Saint-Quentin. On y voyait avant la guerre la statue de Quentin de La Tour. De cette place, dont les bâtiments incendiés : maison de l'archiprêtre, ancienne salle capitulaire, se sont écroulés, on embrasse l'ensemble de l'édifice avec les deux transepts. Les deux pignons des transepts se sont écroulés.

Continuer par la rue Delatan vers l'abside de l'édifice.

Cette abside, bien proportionnée, est formée à la base par cinq chapelles absidales à sept pans. L'architecte en fut sans doute Villard de Honnecourt.

Revenir au porche de la façade occidentale. L'intérieur de la basilique était remarquable par la hardiesse de la nef, l'ordonnance du déambulatoire, la grâce des chapelles de l'abside, l'élégance du bras sud du petit transept, des fenêtres et des roses des deux transepts avec leurs précieux vitraux.

La Collégiale.
(Octobre 1918.)

La partie nord
du grand transept.

Le chœur entre
les deux transepts.

Remarquer à la base d'un pilier du transept une cavité creusée par les Allemands pour y loger une mine. (Voir page 124.)

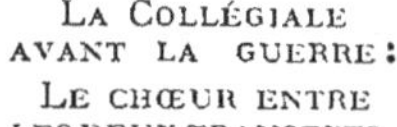

La Collégiale
avant la guerre :

Le chœur entre
les deux transepts.

Un mur de clôture, décoré de sculptures relatant la vie de saint Quentin, relie les piliers du chœur pour en consolider l'assise.

LA COLLÉGIALE. — LE CHŒUR DONT LES VOUTES ET LA TOITURE SONT ÉCROULÉES.

Photos Kopp.

LA COLLÉGIALE. — LA NEF VUE DE L'ABSIDE.
Au fond, les grandes orgues aux tuyaux arrachés par les Allemands.

La Collégiale. — La nef et le chœur avant la guerre.

Le chœur est du XIIIe siècle, la nef des XIVe et XVe siècles (hauteur sous voûtes, 38 mètres).
Par leur élévation les voûtes offraient une frappante analogie avec celles de la cathédrale de Reims.

La Collégiale. — La nef et le chœur après la guerre.
L'incendie allumé par les Allemands en août 1917, a fait effondrer la charpente et
la voûte. La crypte, minée, a sauté.

Les Allemands ayant incendié l'église, le 15 août 1917, après en avoir dépouillé l'intérieur de quelques-uns des vitraux, des tableaux et sculptures, les voûtes du chœur et d'une grande partie de la nef se sont écroulées.

Le chœur, commencé par Villard de Honnecourt vers 1220, présentait une grande ressemblance avec celui de la cathédrale de Reims, commencé dix ans avant.

Entre les deux transepts, des murs de clôture, ajoutés un siècle après, reliaient les piliers pour en consolider l'assise.

Les bas côtés étaient doubles et, comme à la cathédrale d'Amiens, redevenaient simples sur le pourtour de l'abside.

Dans l'axe de l'abside on remarquait la chapelle très gracieuse de la Vierge. Sous le chœur, la crypte que les Allemands firent sauter renfermait les tombeaux de saint Quentin et de ses deux diacres, creusés dans des colonnes cannelées de marbre blanc. Le buffet des grandes orgues, exécuté sous Louis XIV et refait en 1850, était remarquable par sa décoration. Les Allemands en ont arraché tous les tuyaux.

La Collégiale n'est plus qu'une ruine immense, debout, mais trouée de toutes parts. Les Allemands avaient projeté pis encore. Dans chacune des colonnades de l'admirable nef, à la base des piliers soutenant les croisées d'ogives, de larges logements de 0 m. 50 à 1 mètre de profondeur étaient prêts à recevoir des mines. Le temps seul a manqué à l'ennemi pour perpétrer son forfait.

Les ruines sont actuellement consolidées, en attendant une restauration plus complète de la Collégiale.

Cavités creusées par les Allemands dans les colonnes et les piliers et destinées à recevoir des mines.

COMMENT L'ENNEMI AVAIT PRÉPARÉ LA DESTRUCTION DE LA COLLÉGIALE.

LES CHAMPS-ELYSÉES
APRÈS ET AVANT
LA GUERRE.
Au fond, la Collégiale.

*Après la visite de
la Collégiale, par la
rue Piereux et la rue
de Remicourt, se diri-
ger vers les Champs-*
Elysées, jolies promenades de la ville, d'où l'on apercevra, en se retournant
la masse de la Collégiale privée de son toit.

Gagner la place du 8-Octobre, par le boulevard Gambetta.

La statue qui ornait cette place a été envoyée à la fonte par les Allemands.

APRÈS LA PRISE DE SAINT-QUENTIN. *Le génie français établit une passerelle au-dessus
du pont effondré du chemin de fer.
Au fond, la place du 8-Octobre, la rue d'Isle, le Beffroi et la Collégiale.*

INDEX ALPHABÉTIQUE

IMP. GUSSAC, PARIS.

La Roue Michelin

**se démonte toujours facilement
quand on veut la changer
et ne se démonte jamais toute seule
quand on roule.**

A ces qualités essentielles, elle ajoute :

la robustesse :

nul choc ne peut la briser ;

l'élégance :

vous la voyez sur les plus chic voitures ;

l'économie :

son pneu qu'elle refroidit dure plus longtemps ;

le bon marché :

elle est la moins chère.

**Vous l'exigerez sur la prochaine voiture
que vous achèterez.
Quant à votre voiture actuelle....**

Vous demanderez à votre garagiste habituel

comment il peut,

en quelques heures, à peu de frais,

équiper votre voiture en

ROUES MICHELIN

PHOTOS ET FILMS DE GUERRE

des Collections de la Section photographique et cinématographique de l'Armée.

PHOTOS DES MONUMENTS HISTORIQUES

COLLECTION DE CHATEAUX, ÉGLISES, MONUMENTS ANTIQUES,
MEUBLES ANCIENS, OBJETS D'ART, TAPISSERIES, VITRAUX, ETC.

**Tous ces documents appartiennent
au Ministère de l'Instruction publique et des Beaux-Arts**
(Service photographique et cinématographique des Beaux-Arts)
et sont mis en vente à Paris : 1ᵇⁱˢ, rue de Valois.

*D'importantes remises sont faites aux auteurs, conférenciers,
administrations, revendeurs, etc.*

LE TOURISME EN FRANCE

OFFICE NATIONAL DU TOURISME
17, Rue de Surène, Paris-VIIIe

L'Office National du Tourisme, organisme officiel, a été créé par la loi du 6 avril 1910 et réorganisé en 1917.

Il coordonne les efforts des groupements et industries touristiques, les encourage dans l'exécution de leur programme, provoque toutes les initiatives administratives et législatives en vue d'améliorer le tourisme en France, favorise les relations entre les administrations publiques, les Compagnies de transports, les S. I., les Syndicats professionnels.

Il provoque la création de bureaux de renseignements en France et à l'étranger, et organise la propagande en vue de faire connaître à tous, les beautés de la France, la valeur curative de ses eaux thermales, de ses stations climatiques et balnéaires.

L'O. N. T. est l'organisme destiné à réaliser l'union sacrée et permanente de toutes les forces du Tourisme.

TOURING-CLUB DE FRANCE
65, Avenue de la Grande-Armée, Paris-VIIIe

Le Touring-Club de France (fondé en 1890) est aujourd'hui la plus grande association de tourisme. Son but est de faire connaître la France aux Français et aux Etrangers et de chercher à développer le Tourisme sous toutes ses formes.

Tout membre (cotisation annuelle de 10 francs pour les Français et de 15 francs pour les étrangers) reçoit gratuitement une carte d'identité et le service régulier de la revue mensuelle. Il bénéficie des remises consenties dans un grand nombre d'hôtels affiliés, sur les guides et cartes, des annonces dans la revue pour les objets de tourisme, des renseignements, conseils, sur toutes questions intéressant le tourisme.

Il a libre passage aux frontières pour sa bicyclette et motocyclette et pour son automobile, par la délivrance d'un « triptyque ».